JIAOYU DE XIANJIEQI

教育的衔接期

冉乃彦　郑希冰
高雪梅　李永佶　著

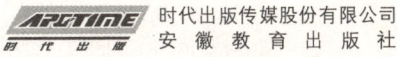

图书在版编目（CIP）数据

教育的衔接期/冉乃彦等著.—合肥:安徽教育出版社,
2008.10

(养成教育·教育家成长之路)

ISBN 978-7-5336-5143-5

Ⅰ.教… Ⅱ.冉… Ⅲ.基础教育—研究 Ⅳ.G62

中国版本图书馆 CIP 数据核字（2008）第 155699 号

教育的衔接期
JIAOYU DE XIANJIEQI

出 版 人:郑　可
质量总监:张丹飞
策划编辑:张　利
责任编辑:杨多文
装帧设计:吴亢宗
责任印制:王　琳

出版发行:时代出版传媒股份有限公司　安徽教育出版社
地　　址:合肥市经开区繁华大道西路398号　邮编:230601
网　　址:http://www.ahep.com.cn
营销电话:(0551)63683011,63683013
排　　版:安徽创艺彩色制版有限责任公司
印　　刷:合肥永青印务有限责任公司

开　　本:650×960　1/16
印　　张:16
字　　数:200千字
版　　次:2015年8月第3版　2015年8月第1次印刷
定　　价:25.00元

(如发现印装质量问题,影响阅读,请与本社营销部联系调换)

编写说明

为整合国内外学术资源,使教育工作者、家长、学生得到不同程度上的启发与滋养,特组织国内教育理论学者与教育实践专家编写"养成教育·教育家成长之路"丛书,旨在传播教育理念,打造学术品牌,探索教育理论出版与师资培训相结合的新路。

新时期的养成教育理论实践体系有可能是未来三十年中国素质教育的总概括,可谓集大成者,主要涵盖以下内容:人的生命整体发展,主动快乐学习,培养良好习惯,健全学生人格,回归心灵深处的家庭教育,孕育、提炼办学思想,塑造区域性教育品牌等。

新时期的养成教育是培"根"的成功教育,是拒绝"化肥"和"农药"的生态教育,是发扬人的生命潜能的人文教育,承担着整体教育改革实验的重要任务,包括:创建名校,为学校或者区域的教育发展提供战略顾问服务,引进国内一流的教育专家资源,用全新的教育理念武装学校等。

本丛书承载着养成教育理论实践体系的延伸、发展和丰富的使命。在题材的选择上,我们力求从小的切入点入手,就老师在教育教学中遇到的实际问题加以剖析,并提出具有操作性的建议;在写作风格上,我们力求倡导、推行一种新的阅读方法,希望读者通过轻松愉悦的阅读,能很快进入书中创设的情景,吃透其精髓,因而本丛书所选著作兼具学术性、可读性和实用性。

总之,编者力求本丛书深入浅出、通透实用、举一反三,希望从中引导、发掘更多的中国教育家。

本丛书由中国关心下一代工作委员会专家委员会副主任、养成教育总课题组组长林格研究员主编,吴贤春同志作为课题组学术秘书参与组织编写和录校工作。

有关养成教育以及本丛书的相关情况,可以链接中国养成教育网(http://www.edu-china.net)或登陆安徽教育出版社主页(http://www.ahep.cn)。

编 者

2008年9月1日

目 录

前言/1

一、当代老百姓最关心的问题:培养孩子/2

二、当前老百姓最困惑的问题:怎样培养孩子/3

三、怎样度过基础教育中的三个"坎"/5

第一章 人的成长和升学/7

一、决定人成长的四大因素/7

（一）遗传因素/7

（二）环境因素/16

（三）教育因素/19

（四）自我教育因素/19

二、人成长的阶梯/26

　　（一）人的发展的四个特点/26

　　（二）孩子的年龄特征与发展阶段/29

三、人成长中关键期的意义/33

　　（一）什么是关键期/33

　　（二）关键期概念的由来/34

　　（三）关键期的主要性质/35

　　（四）"关键期研究"的成果/39

　　（五）正确看待关键期/41

四、成长和升学中的失误/42

　　（一）关于"不输在起跑线上"/42

　　（二）关于"择校"问题/43

　　（三）避免"片面衔接""表面衔接"与"突击衔接"/45

第二章　三个衔接的特点与典型问题/50

　一、幼小衔接/50

目 录

(一)幼小衔接中生理、心理、社会文化的特点/50

(二)当前幼小衔接的典型问题与分析/60

二、小初衔接/70

(一)小初衔接中生理、心理、社会文化的特点/71

(二)当前小初衔接的典型问题与分析/82

三、初高中衔接/97

(一)初高中衔接中生理、心理、社会文化的特点/97

(二)当前初高中衔接的典型问题与分析/106

第三章 对教师、家长、学生的建议/118

一、幼小衔接/118

(一)对幼儿园大班老师的建议/118

(二)对小学一年级老师的建议/132

(三)对幼儿家长的建议/142

(四)对幼儿的建议/156

（五）对一年级小学生的建议/158

二、小初衔接/161

（一）对小学六年级教师的建议/162

（二）对初中一年级教师的建议/167

（三）对小学毕业生（初一新生）家长的建议/182

（四）对小学毕业生的建议/201

（五）对初一新生的建议/203

三、初高中衔接/205

（一）对初三老师的建议/205

（二）对高一老师的建议/211

（三）对初中毕业生家长的建议/219

（四）对初中毕业生的建议/229

（五）对高一学生的建议/235

后记/246

前　言

著名作家柳青说过:"人生的道路虽然漫长,但在紧要处常常只有几步,特别是当人年轻的时候。"那么,孩子成长的过程中,哪些是"紧要处"呢? 恐怕是——孩子成长中的三个衔接(幼小衔接、小初衔接、初高中衔接)*。

---

* 本书所讨论的三个衔接是指幼儿园和小学的衔接(简称幼小衔接)、小学和初中的衔接(简称小初衔接)以及初中和高中的衔接(简称初高中衔接)。

一、当代老百姓最关心的问题：培养孩子

前几年，有两个享有盛誉的社会调查公司，共同调查了一个问题：当前老百姓最关心什么问题？结果得出了同样的结论——培养孩子是老百姓关心的头号问题。

当然，作为本性，所有的动物自然都是把种族繁衍放在第一位；在人类发展史中，更是自觉地始终把传宗接代列为当然的任务。尤其是历史上，中华民族更把生儿育女、光宗耀祖放在人生目标中极其重要的位置上，甚至一些人还把老话"不孝有三，无后为大"牢记心头，千方百计地付诸实施。

不过，随着人类的发展、进步，人们不再仅仅关心物质生产和人自身生产的数量，而是更加关注两种生产的质量，即：在物质生产上不能仅仅满足于吃饱穿暖，而要追求高质量的物质生活和丰富的精神生活；生养孩子不能仅仅满足于"把一个个孩子拉扯成人"，而是要把孩子们培养成为品德高尚、身心健康、聪明能干的一代新人。尤其是在当代，温饱问题解决之后，人们不约而同地把

培养一个优秀的孩子作为家庭的最高目标。

二、当前老百姓最困惑的问题:怎样培养孩子

怎样培养孩子,一方面是人们最高的愿望,一方面又成了人们最感困惑、最无能为力的事情。不时有家长说:"现在的孩子怎么这么难教育?""我都快崩溃了,我不知道自己在教育孩子上怎么这么失败!""老师急死了,家长急疯了,唯独孩子自己不着急"……

要解决问题,光着急是没有用的,首先需要从分析原因入手。

原因有哪些呢?

第一,"只生一个"使得许多家长既感到压力,又无法取得丰富的亲身教子经验。一方面,他们在内心深处有一种"孤注一掷"的感觉,认为"只有一个孩子,没有养活好、培养好,就是家庭百分之百的失败";另一方面,他们无法像前辈那样取得多种经验,互相比较验证,从而常在子女教育问题上感到茫然,即使通过"摸爬滚打"取得一些经验教训,随着孩子逐渐长大,经验往往已过时了。

第二,时代的迅速发展造就新条件和新问题。当今我们正在走向一个知识经济的时代,走向一个信息社会的时代,走向一个和谐生存方式的时代,走向一个产生新型人的时代,教育孩子面临着"旧的方法不灵,新的方法不明"的局面。且不说"父母怎样教育我们,我们就怎样教育下一代"的老一套方法肯定要失灵,就是相差三五年的孩子,由于不同的时空环境造就出不同的心理特点,如果教育方法不能与时俱进,教育者在各种挑战性问题面前就难免节节败退。

第三,全球一体化趋势给教育带来新的困惑。全球一体化使全世界各民族文化迅速融合交流,帮助人们打开视野、丰富信息、获得新的启示。但盲目模仿西方,也使一些人尝到了苦果。一些家长(年轻家长较多)认为西方的一切都是先进的,不分精华与糟粕,照搬西方的教育方法,不考虑自己民族文化的根基,结果不仅没有学到西方先进的东西,反而把自己的优良传统丢掉了。

第四,科学研究跟不上新时代的步伐。教育者培养孩子的难点,一是看不清孩子的真正问题,二是不知确切的规律,三是不知有效的方法。针对这些难题,虽然当前教育科学研究已有不少成果,但可应用的还远远不够。一方面,理论研究虽然比较多,但多是单一因素从具体到抽象的研究,缺少从抽象再回到具体的综合;另一方面,具体方法的搜集比较多,不探索规律,不剖析人的动力,离开了环境和条件,只传授操作技巧,这样只能是治标不治本。

三、怎样度过基础教育中的三个"坎"

人的发展过程漫长而曲折,其中打基础的阶段是最重要的,因为它为以后的发展提供了最核心的营养和动力。一个人在生活、工作、学习中暴露出的问题,往往可以追溯到基础教育阶段。目前我国宪法所确定的义务教育阶段是指小学和初中,再加上普通高中阶段,就是我们所说的十分重要的基础教育阶段。

对于这一阶段,目前人们往往分割地重视幼儿、小学、初中和高中阶段,而忽略了几个阶段之间的衔接,忽视了基础教育中三个重要的衔接,于是三个衔接变成了三个"坎"。处理不好这三个坎,已经给我们的教育带来了不小的损失。小学一年级、初中一年级、高中一年级新生的不适应,已经开始引起人们越来越多的关注。人们开始呼吁、思考、研究幼小衔接、小初衔接、初高中衔接问题。

本书就是针对学生在基础教育阶段的三个衔接问题(幼小衔接、小初衔接、初高中衔接),根据应用的需要,通过经验总结和理论探讨而写成的。为了保证质量,我们组织了理论工作者和有实践经验的一线优秀教师组成课题组进行合作研究,除了召开座谈会和进行理论研讨外,理论工作者还亲自到幼儿园、中小学任教;一线教师努力学习理论、收集信息、进行各种实验。在此基础上,课题组分别编写了目前国内外不多见的幼小衔接、小初衔接、初高中衔接的综述报告。通过一年多的努力,最后合作完成了此书。

本书力图通过提供一些有价值的观点和操作方法,帮助学生、家长和教师顺利地度过基础教育阶段的三个"坎"。

本书基本不涉及高中和大学衔接,以及高考问题。首先是因为,高中和大学衔接,以及高考问题是另一种衔接性质的问题,而且已经有多种著作;其次是因为,基础教育阶段是为人的成长打基础的阶段,只有基础打好了,才能去谈高中和大学衔接问题以及高考问题。

第一章
人的成长和升学

一、决定人成长的四大因素

(一) 遗传因素

先天的生理、心理基础,是人成才的前提。比如,悦耳的嗓音为成为歌唱家提供了可能性,惊人的记忆力为牢固储存大量信息提供了可能性。但遗传因素只是成才的一个前提,对待这一因素在孩子成长过程中的作用,要采取辩证的态度——尊重遗传和巧对遗传。

1. 尊重遗传

"种瓜得瓜,种豆得豆",在培养孩子的问题上,首先要尊重自然规律,尊重遗传规律,承认遗传所起的作用。

近代科学研究已经发现,遗传是靠"基因"这种遗传信息实现的。在人的成长过程中,基因是定时起作用的,像闹钟一样,到了一定阶段,某些基因就开启一个生长程序。比如性器官,必须到一定年龄才能开始逐渐发展,直至成熟。

有的人一听说"尊重遗传",首先会从消极角度想,认为人是由遗传基因决定的,那么如果父辈不是天才,孩子只能是无能之辈。这是不对的。我们知道,成才是由遗传和后天培养共同决定的,遗传虽然不能改变,但是后天的努力可以改变人的命运。打一个比方,拿两个圆锥体作比较,如果底面积一样,那么高度就决定了它们体积的大小。一个人的遗传就相当于底面积,后天努力就相当于高度。如果两个人遗传一样,后天努力就决定了他们各自的命运。

同时,我们应该庆幸,人类是地球上最聪明的生物,我们每一个人都天生继承了人类积累的所有信息,每一个人的潜能都十分巨大。我们说要尊重遗传,首先应该强调这一点。

2. 巧对遗传

当然,世界上没有完全相同的事物,同样也没有完全相同的人。那是因为人类有基本相同的基因,但是每一个人又有不同的基因和结构。从人的智慧角度来说,每个人遗传的智能结构并不一样。

(1)什么是多元智能

加德纳研究发现,人的智能并不是一元的,而是多元的。即每一个人都拥有多种智能,从而形成各自与别人不同的复杂结构。他预测人的智能可能有100多种。目前,他借助思维科学、脑科学的成就,通过实验研究发现了8种相对独立的智能。简要介绍如下:

言语、语言智能是一种能够顺利、高效描述、表达和交流的能力,表现出对语言、文字听说读写的掌握能力。

逻辑、数理智能是一种善于对事物间各种关系进行分析、运算推理的能力,如对类比、对比、因果和逻辑等关系十分敏感,并善于运用数理运算和进行逻辑思维。

视觉、空间智能是一种能在脑中形成一个外部空间的世界并能够进行操作的能力,能够感受、辨别、记忆、改变物体空间关系并借此表达思想,善于运用线条、形状结构、色彩、空间关系及平面和立体图形表现的能力。

音乐、节奏智能是一种感受、辨别、记忆、改变和表达音乐,对节奏、音调、旋律敏感,并通过作曲、演唱、演奏、指挥等表达音乐的能力。

身体、动觉智能是一种能够运用、控制四肢及躯干,作出适当反应,解决问题、制造产品,并能以此表达思想情感的能力。

交往、交流智能是一种善于与人相处交往,察觉体验他人情感、情绪、意图,理解他人并作适宜反应的能力。

自知、自省智能是一种能够深入自己内心世界的能力,是认识、洞察、反省自身,对情绪、动机、欲望、个性意志等有认识和评价,并能依此形成自尊、自律、自制及分析判断和叙述的能力。

自然观察智能是一种辨别生物及自然界特征的敏感能力。

当然,这8种智能虽然在每个人身上都存在,但并不是等量地出现,有的人可能逻辑、数理智能和音乐、节奏智能更强;有的人可能是语言、文字智能和人际交往智能更强……同时,每一个人还必然有几个相对比较弱的智能。比如有的人逻辑、数理智能比较弱;有的人人际交往智能比较弱……

每一个人的智能结构中,既有优势,又有劣势,只不过优劣之处各有不同,因此形成了每个人不同于别人的智能结构。在尊重遗传的基础上,只有巧对遗传给予我们的不同智能结构,扬长补短,才能使自己的生命发展得更好。

(2)如何巧对遗传发展自己

"多元智能"理论打破了智商测验理论的局限性,使我们每一个人都能够根据自己的智能结构,找到自己智力上的优势和特色,从而不再被误解,不再受压抑,心情愉快、充满信心地发展自己。

"多元智能"理论为培养人展现了一个全新的视野,指出了一条全新的道路。具体可以从三个方面去努力:

首先,冲破精神的枷锁,将"金字塔"思维方式变成"盆景"思维方式。

古老的中国经历了漫长的封建时代,社会等级森严。智力测验传到中国,正好迎合了在智力考核中讲等级、排座次的需要。人们如获至宝,赶紧拿来给每一个孩子贴上智力的标签,然后按照等级的习惯,将人人排序,形成一个金字塔。在学校,则更加简单化,干脆直接拿考试分数进行排队,建造一个使人人痛苦的金字塔。因为金字塔的顶尖只能是一个人,他之下的所有人都被认为是失败者,岂能不痛苦?而站在顶尖的人同样不快乐,因为他时刻担心自己掉下来。人们没有想到的是,很多人才慢慢丧失了自信,走向了自我埋没。这种自我埋没的人才正是"金字塔"思维方式的牺牲品。

现在,我们根据"多元智能"理论,就可以把"金字塔"思维方式彻底打垮,而用一种"盆景"思维方式代替它。所谓"盆景"思维方式,就是按照"多元智能"理论,把每一个人都看作是一个各有特色的盆景,就像一个盆景是一棵歪脖子树配几根小草,一个盆景则是一尊假山石,点缀斑斑青苔一样。两个盆景各有特色,没有第一和第二之分,都是可爱的;每一个人的智能结构各不相同,同样没有第一和第二之分,都是可爱的,都有美好的前途。

其次,寻找适合自己的学习方法。

"多元智能"理论对我们另一个重要的启示就是,通过遗传获得不同智能结构的孩子,应该学会形成对自己有利的思维方式,因此每个人应该寻找不同的学习突破口。家长和老师在辅导孩子学习的时候,也应该帮助他们发现和采用最适合的学习方法。

比如,应该根据智能结构的特点,选择最有效的记忆方法。例如,逻辑、数理智能强的孩子,可以通过思考事物之间的逻辑关系加以记忆;视觉、空间智能强的孩子,更善于形象思维,可以通过具体鲜明的形象,就记得特别牢靠;音乐、节奏智能强的孩子,对声音更加敏感,因此把一切需要记忆的东西,尽量用声音表现出来,反而能够很快记住。

当然,这些方法往往不是孤立使用,因为每个人的智能结构本身就不是单一的,是若干智能联合工作的"独联体"。因此,寻找最恰当的学习方法,需要在实践的过程中逐渐发现,在人们互相启发、个人反复体会中逐渐确定。

再次,选择适合自己的职业。

一个人长大后从事什么工作最能发挥他的潜力,应该是家长、老师和孩子自己一直思考的问题。正确做出这个重要决定,分析他的智能结构是必不可少的环节。

按照日常生活经验观察一个人的智能表现,一般也可以对他将来从事什么职业最合适做出初步判断:逻辑思维强的做研究工作比较合适;音乐、节奏智能强的从事音乐、戏曲工作更容易出成绩;对大自然着迷又善于观察的可能从事动物、植物、地质、天文研究更恰当。

最后,正确判断一个人的智能结构。

正确判断一个人的智能结构,这并不是一件简单的事情，需要在较长的时间里，使用多种方法。仅仅靠日常生活经验肯定不行。因此，家长、老师千万不能过于急躁。用简单甚至主观的方法去判断孩子的智能结构，反而会适得其反。

现在的考试方法，往往是发现孩子的缺点、弱点，而不是发现孩子的优点、长处。因此，需要设计一些有利于发挥每个人的长处，发现他的智能结构特点的测验方法。

加德纳采用的方法就有这方面的特点。

首先，他最反对简单的纸笔测验，因为这只能够测出智能的很小的一部分，一般说来主要是逻辑思维能力和语言文字能力。现在的书面考试方法，一般也只能发现逻辑思维能力和语言文字能力强的人才，而其他方面有优势的人才，不但不能被发现，往往还被错误地扣上"无能"、"不聪明"的帽子。

加德纳采用的方法其实并不复杂。例如：

把孩子们带进电影院，观看一部内容丰富的电影。然后分别访问这些孩子，询问他们对什么感兴趣。通过孩子们的回答，就可以初步分析出他们不同的智能特点。比如，一个孩子可能对电影中的旁白、对话十分感兴趣，他忘情地在那里模仿、背诵台词，他就可能在语言、言语智能方面有优势；另一个孩子被电影中的曲折情节迷住了，他反复思考着这些事件的前因后果，他可能在逻辑、数理智能方面比较强；还有一个孩子念念不忘的是电影中美丽的画面，他可能在视觉、空间智能方面具有优势；还有的对电影中的音乐极其喜欢，一会儿就能够轻轻哼唱，他可能是一个音乐、节奏智能优秀的孩子；还有的孩子对电影中精彩的形体动作过目不忘，能够惟妙惟肖地重演一个情节，他恐怕就是身体、动觉智能强的孩子。

……

加德纳最看重一个孩子解决问题和创造产品的能力，因此，他主张要提供一个比较复杂的环境，让孩子有充分的选择余地。在这里，有各种器材，提供各种有趣的场景，能够激发孩子发挥他们的各种潜能。然后观察他们在这个环境中怎样被吸引，怎样开始他的钻研。例如：

一个孩子停留在千姿百态的生物园里，反复观察，反复体验，久久不愿离去，他有可能是具有自然观察智能优势的孩子；另一个孩子却被各种工具、材料吸引，因为他能够得心应手地使用它们,制造出一个成品,实现他早就向往的一个设计,这自然是在显示他在视觉、空间智能方面的优势……

当然,不能仅仅用一两次这样的观察就确定孩子的智能特点,为慎重起见,还需要采用多种方法进行长时间的观察。有些智能特点能够比较早地发现且容易发现。例如身体、动觉智能以及音乐、节奏智能,在幼儿和小学阶段就能够初露端倪;逻辑、数理智能和自然观察智能可能要晚一些;自知、自省智能则要更晚一些。

况且,如果是选择职业,孤立地考虑智能结构还不够,因为所有的职业都需要多种智能的相互作用和优劣智能的有机配合。例如,要想当一个好医生,不仅需要通过逻辑思维学到丰富的科学知识,在手术过程中视觉空间智能的优势也必不可少,而真正帮助病人治疗疾病,善于处理好医患关系的智能又是绝对必要的。

家长和老师应该立足于孩子从遗传得到的不同的智能结构,引导他扬长避短或者扬长补短,有特点地发展自己。

(二)环境因素

环境对人的成长也是一个重要的因素。"孟母三迁",就是看到了环境因素对人成长的重要性。

但是,环境又是一种相对不可控的因素。比如,不同历史阶段的环境是人无法选择的。在奴隶社会环境中,要想普遍培养出自主性很强的人是不可能的,而相反,在当代走向民主的社会里,想让孩子唯唯诺诺也不那么容易。

大的社会环境通过社会意识、社会心理影响着每一个人的成长。虽然我们往往无法改变也无法选择大环境,但对于不成熟的孩子,帮助和引导他们学会正确对待环境、自主面对环境,仍然是必要的。

1. 重视吸收大环境的正面因素

任何一个社会环境都有正面因素和负面因素。改革开放以来,我国对外开放的进一步扩大,世界各民族文化的融合,为青少年了解世界、增长知识、开阔视野提供了更加有利的条件。与社会进步相适应的新思想、新观念,例如弘扬主体性、尊重个性等,正在丰富着青少年的精神世界。

当然,正如邓小平所说,打开国门,新鲜空气进来了,难免有苍蝇蚊子一起涌入。例如,盲目崇拜西方,把腐朽的东西当作超前新事物加以膜拜。面对这种客观情况,一方面,我们应该重点引导孩子面对正面因素,主动选择,吸收营养;另一方面,要警惕负面影响,培养孩子抗挫折、抗诱惑的意识和能力。

2. 积极优化小环境

主动改变小环境是家长力所能及的事情,应该作为环境教育的主要着力点。有一位家长为了扩大孩子的生活空间而三次换车的故事,就很感人:

小佳是一个全面发展的优秀小学生,很多家长都希望小佳的家长介绍经验。小佳的父亲说:我那时候确实有意识把小孩的活动范围增大,让他视野开阔。因为我看到街坊的孩子整天对着地震棚发呆,好像慢慢变傻了。小佳一岁前,我就买了个小三轮,带他到周围公园去玩儿,因为小孩大了一点,喜好玩,而我们那个生活环境就那么小,影响他发展;他一岁零一个月的时候,我又买了一辆奥拓车,每个星期六、星期天都带着他去玩儿。北戴河、天津塘沽什么的,都去过。这样,随着活动半径的增大,活动次数的增多,我发现孩子思维的活跃程度,处理问题都不一样了。这个车我用了七年(注:孩子这时已经上三年级了),我今天下午准备把它卖了,买一个好一点的车。这七年我觉得价值特别大。因为我们也是工薪阶层,买个车很不容易,但是看到由于教育环境扩大了,孩子受益,就觉得这件事情做对了。

(三)教育因素

教育因素在这里是指他人教育,一般包括社会教育、学校教育和家庭教育。他人教育是一种相对的可控因素,是人们有目的、有计划、有组织地对人类自身发展的积极干预,是人类自身生产的重要组成部分。

社会教育、学校教育和家庭教育对人才的成长都发挥着极其重要的作用,这是大家过去最熟悉的一种教育,在此不再详细介绍。

不过,这里要强调一下他人教育和自我教育的关系。当前应该重点理解教育家苏霍姆林斯基的一句名言,"只有能够激发学生进行自我教育的教育,才是真正的教育",自觉处理好他人教育和自我教育的关系。

(四)自我教育因素

这一因素对于孩子成才、成人的重大作用,过去一直被人们忽视。自我教育是指人通过认识自己、要求自己、调控自己和评价自己,自己教育自己。当然,自我教育是在一定的遗传基础上,在环境和他人教育的条件下生成和发展的,但是它一旦生成,就积极地反过来发挥作用,极大地影响着个人的成长,而且随着人的成长,它在四个因素中占据越来越重要的地位,并最终成为最重要的因素。

自我教育为什么重要呢?因为每一个人都以自我发展的方式存在于现实世界之中,每一个人的行为表现、身心健康、人际关系和发展状况,实际上都要受到自我的制约。

而一个人的自尊心(也就是追求自我价值)才是自己发展的动力,尽管每一个人的发展千差万别。要使孩子的发展是健康的主动发展,就要关注主动发展的核心问题——如何满足"自我肯定或自尊需要"。因此,自我教育的核心应该是让孩子懂得什么是应该追求的自尊心(自我价值),以及应该怎样追求自我价值。

自我教育因素与他人教育因素是相辅相成的关系。

外因必须通过内因才能起作用。没有自我教育的教育不是真正的教育,教育目的必须通过受教育者的内化才能真正实现。而所谓"内化",实际就是自我教育的过程。一个人只有把教育者提出的教育要求变成了自我要求,并将它付诸实现,教育目的在他身上才能真正实现。相反,没有自我教育的所谓教育,就会变成一种野蛮的灌输,甚至是一种精神的摧残,实际是一种反教育。

当然,培养孩子的自我教育能力,仍然需要家长和老师的帮助、教育,只不过这种教育是在尊重孩子的前提下的一种引导,目的是激发孩子的自我教育。

根据我们的研究,家长和老师的帮助和教育,应该表现为以下五个方面。

1. 发现

一要善于发现孩子微小的自我教育迹象。幼小的孩子在成人的呵护下慢慢长大,他的自我教育表现,开始的时候往往不易发觉。成人应该细心观察,善于随时发现孩子微小的自我教育迹象。例如,家长护送孩子上学,一般都是家长拿着书包,孩子心安理得地空手跟着走。如果有一天孩子忽然提出要"自己背书包",家长这时千万要重视这种迹象,认真询问"为什么",这很可能是孩子提出的第一个自我要求,不可小看。

二要善于发现孩子自我教育上的质变。孩子的自我教育能力是不断提高的,其中有平稳的时候,也有出现质变的时候。例如,孩子对自我的认识,表现为从关注外部现象转为关注内心世界;对自我的评价,从强调效果转为强调动机和效果两方面,这些都是了不起的质变,家长和老师应该善于及时发现,给予鼓励。

2. 理解

孩子由于年龄小,在表达上存在困难。不仅对于自己的愿望、目的表达不清,甚至自己做的事情本来是有道理的,但是由于表述不清楚,常常被人误解。所以,善于理解孩子没有表达清楚的想法是成人的职责。

例如,在四川汶川大地震中,有的孩子说"以后再也不上学了",其实这不是他真正的想法,而只是安全需要的一种不准确的表达。我们应该肯定他的安全需要是正确的,引导他立志重建更加坚固的楼房——慢慢地,他会自然地意识到需要回到学校学习。

成人除了需要理解孩子表达不清楚的话语之外,还应该善于透过现象看本质,理解孩子行为中反映出来的思想本质。

例如,有一位小学老师给学生上课,在课前先宣布了一件事——本班要成立板报组,需要选拔、招聘美术好的同学。接着开始上课。老师发现有一个学生在忙着写写画画,不听课,两次委婉地暗示他都没有用。最后老师只好走到他面前制止。没等老师开口,这个学生却把自己刚刚画完的画笑嘻嘻地递给老师,还想说些什么,老师非常生气,立刻批评他,并把他的画没收了。其实,这个学生是听到板报组需要招聘美术好的学生时,非常想去,赶紧画画展示自己的水平,其他的事情全都抛到了脑后。这位老师就应该透过学生不遵守纪律的表面现象,看到他关心班集体、愿意奉献的好品质。

3. 唤醒

每一个孩子都有潜能。成人的任务是根据孩子不同的发展阶段,适时地把孩子的潜能激发出来。孩子不经意迸发的小火花,显露出的特点潜能,成人要及时发现,扩大火势;有时候成人有意识地提供一定条件,让孩子任意展示自己的才能,往往也能激发出星星之火。

例如,允许孩子在地面方砖上画自己喜欢的图画,就有可能唤醒他的绘画潜能;出些计算题让孩子抢答,就有可能唤醒他数学方面的潜能;提倡自编自演小品,就有可能唤醒他的表演潜能。

有时候孩子的整个精神世界都处在被压抑的状况下,此时的唤醒,就先要有一个精神的解放,之后才能有具体的潜能的唤醒。

例如,在一次一年级招生过程中,有一个面试题目——"你爱不爱提出问题?请你现在就提出一个最想问的问题。"招生过程中有一个孩子默不作声,后来小声嘟囔着:爸爸说,小孩子不能随便提问题……针对这个情况,就需要先帮助他摆脱掉不让提问题的"紧箍咒",然后再诱导他把长久压抑在心头的问题统统提出来。

4. 反馈

孩子不论做得对与不对,成人都应该在适当的时候给予反馈。所谓适当,是指根据孩子不同性质的行为,在不同的时候给予反馈。比如,孩子开始做家务活,向他讲了要领之后,就需要他在做当中自己去体验,不需要家长寸步不离地去反馈;而对于有些危险的行为,如触摸电器开关,家长则需要马上制止。

有些孩子的行为,则需要认真鉴别之后,才能给予反馈。当前社会越来越强调个性,越来越重视培养孩子的自主性。需要引起重视的是,不能认为孩子的需要都是正确的,所有的潜能都是有价值的。人类的遗传基因实际上存在着动物性和人性两方面,也就是既有向善的可能,又有向恶的可能。成人的任务就是帮助孩子鉴别、区分出善与恶、好与坏。这件事,做起来并不容易。

例如,不少孩子开始偷偷学抽烟的时候,一个主要的心理需求是以为这样比较"有派头",比较像成人。把会抽烟当作成熟的标志是可笑的。但是,他渴望成熟,羡慕成人,这不能认为是坏的需要。成人的任务是发现隐藏在后面的正确需要,指导他怎样才能真正成熟起来。

对孩子的各种需要,都要从积极的角度进行评价。

即使孩子提出的是正确的需要,也并不等于孩子十分理解。成人积极的评价能够使孩子们提高认识,坚定信心。有些需要只是当前不合时宜,长远看是正确的。例如所谓"早恋"问题,成人就应该肯定孩子纯洁的感情、美好的心态,同时明确指出其出现的时候是不恰当的。当然还有些需要完全是错误的,例如拿家里的钱去大吃大喝,对此,也要积极引导他勇敢抛弃错误,继续向前。

5. 引导

所谓尊重孩子,并不是让孩子任意自由发展,而是在尊重孩子的合理需要,尊重孩子成长的客观规律的基础上,积极地加以引导。这种引导,既反映了家庭的责任,也反映了社会的愿望。引导可以分为一般的途径、方法、内容的引导和比较复杂的价值引导。

(1) 途径、方法、内容的引导

所谓引导,并不是首先由成人主观地提出孩子应该如何如何,孩子被动地去做,而应结合下面的两种方法:一是鼓励孩子自己提出行动方案,由成人加以参谋;二是由成人提出若干适合这个年龄孩子行动的各种参考方案,由孩子自己选择。

(2) 价值引导

所有引导中,最核心的是价值引导。所谓价值引导、就是引导孩子逐渐自己悟出要做的事情的意义是什么，最终帮助孩子悟出人生的意义是什么，悟出一个人应该怎样获得真正的幸福生活。这种价值引导，不应是空洞的说教，而应该在日常生活中结合具体事件，通过对话，自然而然地进行。

二、人成长的阶梯

（一）人的发展的四个特点

1. 阶段性和连续性

任何事物的发展都是一个从量变到质变的过程，人的发展也不例外。人的发展过程中，当某些代表新质要素的量积累到一定程度，就取代旧质要素而成为优势的主导地位，这时量变的过程就发生了质的"飞跃"，表现为间断现象——阶段性。

例如，幼儿认识字很少的时候，只是对图画、照片感兴趣，而对书籍、报刊上的文字兴趣不大。但随着他识字数量的逐渐增多，"量积累到一定程度时"，虽然有些字还不认识,但是可以连猜带想地把一篇文章读下来,这样,他开始对文字阅读产生极大的兴趣。这时候就发生了质的"飞跃",表现为新的发展"阶段性"。

连续性是指,后一阶段的发展总是在前一阶段的基础上发生,而且后一阶段既包括有前一阶段的因素,又萌发着下一阶段的新质。比如,人的心理的发展过程是既有连续性又有间断性,表现为一个有序的阶段发展过程:每一种新的心理过程或心理特征,都不是一个瞬间就骤然产生的,在产生之前就已经开始了孕育过程;心理过程或心理特征形成以后,也不是就此静止了,而是会继续发展;即使在发展的快速期,也不是将发展的进程前后截然地分割的。快速期本身也是一段发展的过程,质的飞跃并不是超越时间。就是说飞跃本身是相对的,它包含着渐变。

2. 定向性与顺序性

"儿童身心的发展在正常情况下总是具有一定的方向性和先后顺序,而且是不可逆的,也是不可逾越的。"由于不同人遇到的环境不同、教育条件不同、个性不同,阶段可能有提前或推迟的情况,但是阶段的先后顺序不会变。

每个孩子的发展不仅都有方向,而且还有一个先后顺序。比如幼儿都是先会听,然后慢慢才会说,再往后才慢慢学会写。有些家长在孩子的"听"还没有充分得到发展的时候,就急于逼着孩子说,甚至写。这样"拔苗助长"只能使孩子的健康成长受到人为干扰。

3. 不平衡性

儿童发展心理学告诉我们:"人类个体从出生到成熟的进程不是千篇一律地按一个模式进行的,也不总是按同等的速度直线发展的。它可因进行的速度、到达的时间和最终到达的高度而表现多样化的发展模式。"

以人的身高、体重增长为例,很明显绝不是总是按同等的速度直线发展的。人的一生有两个发展加速期:一岁和十三四岁的少年期。少年期的孩子平均每年要增长身高6厘米,体重增加4千克。过了这个时期,增长的速度慢慢又会降下来。

4. 差异性

"发展既有共同规律,又表现出个别差异,即共同性中包含着特殊性,共性是从多样性中概括抽象出来的"。"应该注意儿童心理发展的个别特征。因为处于同一年龄阶段的儿童,由于种种复杂的因素,他们的心理发展不可能是完全一样的。"

例如在初中一年级的班级里,常常看到不同孩子的发育显得十分悬殊,有的身高不足1.2米,而有的已经

1.7米；有的长着一张孩子脸，说话稚声稚气，有的则嘴唇上长出黑绒毛，说话粗声粗气。其实这就是发展的差异性——青春期发育的差异往往很大，有的发育早，有的发育晚，但都属于正常范围，不必担心。

（二）孩子的年龄特征与发展阶段

1. 什么叫年龄特征

"儿童心理年龄特征是在一定社会和教育条件下，在儿童发展的各个不同年龄阶段中所形成的一般的、典型的、本质的心理特征。"当然，同一年龄的儿童，他们的年龄特征也不是完全一模一样的，而是在一般的、典型的、本质的心理特征基础上，又有个性特点。

2. 如何划分人的发展阶段

目前的发展阶段划分，"大多是以研究者所从事的或感兴趣的某一方面为根据"，有代表性的有皮亚杰儿童智慧发展阶段划分、艾里克森人格发展阶段划分、达维多夫主导活动发展阶段划分（见附后的《儿童心理发展阶段划分对照表》）。我们可以从这些研究中得到启示，然后全面地、综合地分析我们面对的每一个孩子。

人成长的阶梯实际是由发展的各维度综合组成的，因此更值得关注的是整个发展的核心，因为它是研究年龄特征、发展阶段划分的关键,也是研究衔接与过渡的关键。

每一个人的行为表现、身心健康、人际关系和发展状况,都受到自我意识的制约。苏联心理学家维果茨基明确提出:"自我意识的发展是过渡年龄的精髓和主要成果。"人的各种发展,最后集中表现在自我意识的发展上,或者反过来说,一个人的自我意识水平,反映出心理发展的整体水平。所以在研究"衔接"时务必抓住人的整体发展的核心——自我意识。

第一章 人的成长和升学

儿童心理发展阶段划分对照表

生理年龄	分期	现行学制阶段	皮亚杰心理发展阶段划分	艾里克森人格发展阶段	达维多夫主导活动发展阶段	自我意识
0	乳儿		感知—运动阶段	信任感怀疑感	直接情绪交往活动	从身体、物质层面上的自我与非我不分,逐渐走向能够区分。(即第一次自我中心化去自我中心化)
1	婴儿期	托儿所(先学前期)				
2				自主感羞怯感	摆弄实物活动	
3	幼儿期	幼儿园(学前期)	前运算阶段	主动感内疚感	游戏活动	从表象、体验层面上的自我与非我不分,逐渐走向能够区分。(即第二次自我中心化去自我中心化)
4						
5						
6						

续表

生理年龄	分期	现行学制阶段	皮亚杰心理发展阶段划分	艾里克森人格发展阶段	达维多夫主导活动发展阶段	自我意识
7	儿童期	小学(学龄初期)	具体运算阶段	勤奋感自卑感	基础学习活动	从具体的行动思维层面上的(自我)思维和对外(非我)感知不分,逐渐走向能够区分。(即第三次自我中心化去自我中心化)
8						
9						
10						
11						
12	少年期	初中(学龄中期)	形式运算阶段(前青年期或少年期)	同一感分离感	社会组织活动	从抽象思维层面上的(自我的)理想社会和(非我的)现实社会不分,逐渐走向能够区分。(即第四次自我中心化去自我中心化)
13						
14						
15						
16	青年期	高中(学龄晚期)			专业学习活动	走向较为成熟的自我意识阶段
17						
18						

(注:为了整体对照方便,笔者将自我意识发展阶段插入本表)

三、人成长中关键期的意义

(一)什么是关键期

关键期,也有人叫做关键年龄、临界年龄、最佳年龄、最佳期、敏感期、关键的转折时期、开窍期等。

关键期,准确地说就是关键的年龄阶段。因为心理学上所指的年龄特征都是指一定阶段、时期的特征,一般并非指一年的特征。所谓关键的年龄阶段,就是指这个阶段对于人的发展具有关键作用。

如果从基础教育的三个衔接的分析研究出发,"关键的转折时期"这种提法可能更为贴切。因为关键期性质当中"突变、转折"这种性质,促使我们思考如何根据这些特性,更好地完成基础教育各阶段之间的衔接与过渡。

(二)关键期概念的由来

"关键期"(critical period)概念是从植物学、生理学和形态学移植过来的。德·菲利斯(De Fries. H)发现：只有在植物衍生的某个特定时期,加上某种条件才会产生特定的形态变化。他把这个特定时期称为"敏感期"。动物行为学家康拉德·罗伦茨(K. Z. Lorenz)在研究小鹅的行为时发现：小鹅出生后的最初阶段,有追随第一眼看到的动物行动的特点,如果小鹅第一眼看见的是母鹅,小鹅自然是跟着母鹅跑；如果第一眼看见的是一只鸡,或者是一个人,小鹅就会跟着这只鸡或者这个人跑。他把这种现象叫做"母亲印刻",把发生"母亲印刻"的这段时间称为认母的"关键期"。

后来,"发展心理学家把动物的关键期概念引入儿童行为学习的研究领域,探讨儿童在某一年龄学习什么最为有效等问题"。

目前,有关人的成长的关键期,大多数学者已经达成了共识："儿童从出生到成熟(0～18岁左右)大体经历六个关键的转折时期：新生儿(0～1个月),1岁左右,3岁左右,6岁左右,11岁、12岁(女)或13岁、14岁(男),17岁、18岁"。

(三)关键期的主要性质

1. 关键期感受最敏感

从发展的角度看,这个时期对外来影响感受得最为敏感、强烈,所以也称为敏感期。心理学家朱智贤指出,在关键期内,动物不仅对自己的妈妈可以发生"母亲印刻",如果妈妈在出生后就离开了,也可以对其他类似动物发生"母亲印刻"。

著名的心理学家蒙台梭利认为:"儿童心理的发展也同样有各种敏感期……这就是为什么在生活的某一时期,对一定的物体或练习活动表现出高度的积极性和兴趣,并学得较快,而过了这个时期,上述情况就会消失的缘故。"例如"秩序"的敏感期,是在 2～4 岁时出现。孩子需要一个有秩序的环境来帮助他认识事物、熟悉环境。一旦他所熟悉的环境消失,就会令他无所适从。蒙台梭利在观察中发现,孩子会因为无法适应环境而害怕、哭泣,甚至大发脾气,因而确定"对秩序的要求"是幼儿极为明显的一种敏感力。

2. 关键期培养效果最佳

从培养的角度看,由于在"这个时期某种特定的行为和能力,最适宜学习、掌握,教育和环境影响能起最大作用,其发展速度也最快,会达到最佳状态",所以又叫最佳期。

我国心理学家李惠桐在生理成熟与最佳学习期的研究中发现,"成熟早期"(指10％的小儿在自然条件下能够达到该项动作的年龄)作为该项动作早期训练的学习的关键期,这一原则对于学习语言、训练适应性行为、个人——社会行为等都是适用的。这就和庄稼人不误农时,适时播种的道理一样,在教育孩子的问题上也是如此,抓住关键期才可以事半功倍。

那么,是不是可以在关键期之前下工夫呢?急于在关键期之前过早地进行训练,容易导致劳而无功。心理学界有一个著名的实验,即心理学家格赛尔双生子爬梯实验。实验中,双生子中的一个,在他出生48周起,每天做10分钟的爬梯训练,连续6周,到52周时,他能熟练地爬5级楼梯。在此期间,双生子中的另一个不做训练,而是到他53周时才开始练习爬楼梯,结果两周后他也能爬到楼梯的顶端。

由此看来,过早的训练和关键期内的训练一样,表面上看或许儿童最终都能够达到理想的要求,但需要花费更多的时间、付出更大的努力。更重要的是,这种训练和学习,可能因为成效微小,而使儿童产生厌学的情绪,不利于学习行为的可持续发展。

3. 关键期受损害以后不能补偿

动物行为学家哈洛(H. F. Harlow)在研究恒河猴的社交行为时发现:如果恒河猴在出生后的头60天至90天内被完全隔离,其后放回猴群中生活,其社交行为不受严重影响。如果出生后被隔离长达6个月,则其社交行为不正常,但所受损失以后可以补偿。如果出生后的头两年被完全隔离,则其社交行为不正常,而且所受损害以后不能补偿。这就是说,恒河猴出生后的第4个月至2岁前是他们获取正常的社交行为能力的"关键期"。这说明,4个月以上2岁以下这一阶段,是恒河猴获取正常的社交行为能力的"关键期"。在关键期受损害以后不能补偿。

"狼孩"是野生儿的一种,指被狼抚养的人类儿童。最著名、留下资料最丰富、最可靠的是1920年印度加尔各答东北山地发现的两个狼孩。这两个狼孩均为女性,大的发现时约8岁,后取名卡玛拉,小的1.5～2岁,后取名阿玛拉。人们从狼窝里发现她们后,把她们送到米德拉波尔孤儿院。据该院主持人辛格牧师抚养日记记载,刚到孤儿院时,两女孩行为如同狼,四肢行走,昼伏夜行。阿玛拉因病于一年后死去,卡玛拉活到17岁。经过几年的人类社会生活,学会了穿衣、直立行走,知道了一些简单数字概念,学会了50个词汇,能讲一些简单的话。美国心理学家格赛尔根据卡玛拉的社会行为和心理状态,认为她17岁的智力达到了3.5岁儿童的水平。"狼孩"现象同样说明,在关键期受损害以后不能补偿。

相反,能够恢复智能的也有一个事例。

1972年,人们在东南亚大森林中找到了在第二次世界大战中迷失的日本士兵横井庄一。他远离人类,像野人一样生活了28年,人的一切习惯甚至包括日本话都忘了。可获救后,人们只用了82天时间的训练,就使他完全恢复了人的习惯,适应了人类的生活,一年后还结了婚。虽然他过野人生活比狼孩卡玛拉多20年,但对他的教育和训练却比狼孩容易多了,其原因就是他没有错过受教育的关键期。

4. 关键期具有突变、转折的性质

冉乃彦、王慧琴曾经对初中学生"开窍"现象进行过探讨。他们在北京市第111中学实验班调查发现:88%的学生都认为"开窍"现象在自己身上明显发生过。对于开窍发生时间的分布,学生和家长的看法一致:最高峰在初二下学期。"开窍"表现为:学生在成长过程中的某一阶段,从一个"浑不懂事"的孩子,突然变得懂事了,

前后判若两人。

人的发展是一个开发系统,由生理、认识心理、意向心理等子系统组成。作为耗散结构,它们不断与学校、家庭、社会等系统进行物质、能量、信息的交换,因而迅速发展着。在自身和外部子系统之间尚未协同时,表现为无序状态(如初二);一旦协同,通过突变形式(开窍)达到新的有序状态。系统发展的各变量中,自我意识是促进协同起主宰作用的"序参量"(它主宰着系统演化的整个过程,决定着演化结果出现的结构和功能)。因此初中的教育工作,就是为促使三个子系统和外界进行物质、能量、信息的交换创造条件,促使三个子系统健康发展,紧抓学生的自我意识的培养,促使其适时发生突变(开窍),顺利进入青年期。

(四)"关键期研究"的成果

关键期的研究,开始时比较多地集中在人的早期。出生第一年是身体生长发育的第一个高峰,例如赫洛克(E. B. Hurlock)认为,出生后第 6 周到第 6 个月间是影响社会化组型之态度的"关键期",这个时期儿童与人交往的次数多少和交往的性质都会对儿童的社会化带来有利或有害的影响;儿童从出生到 2 岁是学习口头语言的关键期;2～4岁是形象视觉发展的关键期;3～5岁是音乐和听觉发展的关键期;4～5岁是记忆流畅性发展的关键期;5岁左右是数量知觉发展的关键期;6～7岁是运动知觉速度和灵敏度发展的关键期。有的研究认为,2～3岁是儿童获得自主性的关键期。

我国小学生品德发展的关键期研究表明:大多数的研究显示出小学生道德认知发展的关键年龄基本上介于7～9岁;道德情感转折年龄主要集中于8～9岁;行为习惯养成的关键年龄在7～9岁。根据自组织系统理论,分析小学生品德心理活动整体运行关键期约在小学四年级至五年级之间。还有研究表明,小学生的道德情感发展确实存在着关键期,这个关键期一般都在三年级。

在运动方面也有关于关键期的研究。例如,"根据有关资料和科学证实,(运动能力)关键期一般出现在儿童阶段:平衡能力在6～8岁,模仿能力在9～12岁,反应速度在9～12岁,柔韧性在10～12岁,协调性在10～12岁,灵敏性在10～12岁,耐力性在10、13、16岁,弹跳力在14～16岁。"

伦敦大学的科学家们用5年以上的时间跟踪调查了近6000名肥胖儿童,研究发现这些儿童进入中学时,有四分之一的人仍有体重超重问题。研究组组长简·沃德教授说:"参加调查的孩子如果在11岁时仍然处于肥胖的状态,那么在他们接下来5年的成长过程中体型也不会有很大的改变。"根据这项研究成果可知,11岁是儿童肥胖关键期。

目前,关键期的研究范围正在迅速扩大,例如"对于理财能力而言,培养的关键期为五到十四岁"……当然,所有这些研究需要更多地验证。

(五)正确看待关键期

"关键期研究"虽然积累了丰富的经验和成果,但是鱼龙混杂,有些并不成熟。因此,有的学者强调,由于"处在探索阶段,应该采取慎重的态度……都要经过审慎的实验研究,才能获得可靠的结论"。还有的学者指出,"把关键期的重要性强调过头的话,可能使我们坠入新的宿命论陷阱之中。"

可以将关键期的各种层次的探讨分为三类,采取既积极又慎重的态度,区别对待。

第一种是可以作为"衔接"研究依据的。包括许多心理学家长期从各种角度验证过的(例如心理发展6个重要的关键转折时期)或者虽为一家之言,但以比较严密的实验为根据的(例如李伯黍为首的儿童道德发展协作组的研究）。

第二种是不可以作为"衔接"研究依据的。即一些随意提出的,甚至错误、迷信的所谓"关键期"。

第三种实际是最大量的研究:有的是新近发现的"关键期",虽然没有反复论证,但是应该引起重视;有的虽然没有经过严密论证,但是有丰富的经验事实支持(例如"开窍"现象),也有继续深入研究的价值。

任何科学研究都不是一蹴而就的,往往需要一个由经验到科学,由偶然到普遍的反复过程。只不过我们在使用这些半成熟的成果时,一定要采取审慎的态度,在实践和实验研究中进一步验证或发展它们。

四、成长和升学中的失误

(一)关于"不输在起跑线上"

早期教育一定意义上决定了孩子以后的发展状况。"不输在起跑线"的提法,反映了教育者一种积极向上的心理。但是良好愿望的背后往往隐藏着一些危险因素,解决不好就会成为教育上的失误。

这些失误，主要有如下三个：

一是目标取向中的失误——为了做"人上人"。是把孩子培养成一个真正的人，一个品格高尚的人，一个对人类有贡献的人，还是把孩子培养成一个人上人，一个充满虚荣心的人，一个只关心自己升迁的人？表面上看，二者都是让孩子积极向上，但实际是两种完全不同的方向。后一种做法一开始就注定让孩子走向黑暗。

二是内容选择中的失误——"重智轻德，忽视身体"是当前主要的危险。

三是行动方法上的失误——满足于外力解决问题。必须真正认识到孩子的内因才是他发展的根本动力，成人应该善于激发孩子的潜能，引导孩子自己往前走。现在许多孩子成了生活上的小皇帝，同时又是学习上的小奴隶，教育方法上的问题使得孩子丧失了自主性、主动性，一开始就给孩子的发展埋下了定时炸弹。

(二) 关于"择校"问题

贫富悬殊是中国当前的一大问题，而从长远来看，要解决贫富悬殊问题，首先必须解决教育机会的均等问题。"择校"是不被允许的，这一问题必须采取措施加以解决。但在当前,教育资源不均衡(学校水平相差很大)的现状,导致"择校"现象的产生。因而"择校"是很难回避的社会现实,家长在"择校"时应避免以下三个误区:

1. 盲目择校

并不是花的钱多就能找到好学校,而应该全面考虑许多问题。比如,自己的经济状况,从长远看应该如何科学地投入教育资金,学校真实情况如何,是不是仅仅名声在外,学校远近,孩子的身体状况如何……

2. 以为择校可以代替解决家庭教育存在的问题

有的家长发现,孩子表现不理想,不认真分析原因尤其是不分析家庭教育的不足,而是把一切希望寄托在择校上,以为择校可以解决自己家庭教育存在的问题。事实证明,如果抱这种态度,无论怎样择校,孩子也不会进步。

3. 没有寻找最适合孩子的学校

好的"择校"经验是"只选对的,不买贵的"。家长要了解孩子的特点和真正的需要。比如有的孩子基础没有打好,花很多钱勉强上了入学分数很高的学校,学习更加跟不上,还不如上一个普通学校,这样的学校对于学习有困难的学生反而有许多帮助的经验,对孩子会有切实的好处。

（三）避免"片面衔接""表面衔接"与"突击衔接"

1. 防止"次品、废品、危险品、赝品"的产生——避免片面衔接

"智育不好出次品,体育不好出废品,德育不好出危险品,美育不好出赝品。"这句话生动且深刻地刻画了片面发展的恶果。

片面衔接,表现在德、智、体、美四育中,孤立重视"智"的衔接,忽视德、体、美的衔接,严重影响了学生的社会适应能力的发展。在智育中,又片面地重视知识,特别是数学、语文知识的衔接,忽视学习兴趣、学习能力、学习习惯的衔接和生活经验的积累。

从小学到初中阶段,在品德上是从道德品质过渡到道德意识的重要时期,也就是从小学生的道德行为、道德情感层次,要上升到更高的意识形态的道德意识层次。这时候出现的道德,已经是通过他自己的意识加以感悟,得到认可的。从初中到高中阶段,是学生"告别少年,迎来青春"的时期,是由初中生的经验型的思维水平过渡到高中生的理论型的思维水平的时期,是世界观、人生观奠基的关键时期。这两个阶段之间品德发展的衔接非常重要。片面衔接的"重智轻德"很容易导致学生的畸形发展,甚至最终产生形形色色的"次品、废品、危险品、赝品"。

2. 保证认知"中心概念"的正确衔接——避免表面衔接

表面衔接在各学段表现得更为突出。孩子的成长,不论是身体、思维,还是情感,实际上要经历非常复杂、曲折的过程。但是现在人们所关心的只是表面上掌握的知识,甚至只是分数、名次。

就知识的掌握而言,一部分学生,表面上看升学很顺利,其实对知识的认识是肤浅的,存在很多漏洞,甚至有可能是错误的,尤其是"中心概念"的错误,往往不易被察觉。这些问题不发现、不解决,就会不断影响学生的各阶段发展,甚至可能影响学生的一生。

人的思维的发展会形成许多概念,但是总有一些概念是处在中心地位,统率着其他概念。尤其在新的认识水平上,面对更大范围的情景的时候——涉及数学领域、空间领域和因果关系领域,中心概念就会发挥重要的作用。

例如,一个幼儿理直气壮地向别人表述自己的认识推理:交警管交通,武警管跳舞。就是因为在他词语的认识结构中,"交"字是说明后面的"警"的管理范围,那么自然武警就一定是管跳舞的。当然,在这里是因为幼儿识字有限,把"武"误当作"舞"了。但是,也说明他也是用原有的中心概念去理解新的概念。

中心概念比一般的概念更加重要,因为它影响认识的全局发展。一个孩子如果学习跟不上了,不应该是简单地加大练习量,或者灌输一些成人自认为重要的难点、步骤,而是应该首先诊断一下,这个孩子的概念尤其是中心概念是不是正确。可是,现在在各学段的衔接上,人们往往是盲目地给孩子加大练习量,做各种各样的练习题,背各种各样的答案,根本不问他是否真正明白,尤其是中心概念是否掌握了。这样做的结果是,即使蒙对了一些题,得到一些好分,考上了高一级的学校,但是对核心概念的理解仍然糊里糊涂,实际上已经为今后的成长埋下了隐患。

在孩子的发展过程中,尤其在三个衔接阶段,能够及时发现、解决孩子的"中心概念"错误,才是做到了实质地而不是表面地解决衔接问题。

3. "巧妇难为无米之炊"——避免突击衔接

一些幼儿园在儿童将要入学的前半年才做衔接工作,带幼儿去参观小学,请小学教师来幼儿园介绍情况等。这些做法是必要的,但还远远不够。很多在儿童三四岁刚入园时就应加以培养的自理能力、交往能力、规则意识,一些幼儿园仅仅在最后时期才进行强化训练,无法实现日积月累的效果。而最后阶段的强化训练,致使儿童在生理、心理各方面压力骤然加大,难以适应,不但教育效果不佳,而且容易使儿童对小学和未来的学习产生畏惧和畏难情绪。①

有的初中学校,为了确保初中毕业的体育"加试分",组织学生突击"锻炼"。这样做,不但错误而且很危险。尤其是长跑,要求在规定的时间内跑完一定距离,如果没有平日的长期锻炼为基础,这种突击,对身体实际是一种摧残,而且也很难得到"加试分"。

另一种情况是,为了考上好的上一级学校,突击强加给孩子一些应考知识,违反了孩子发展的客观规律。

现在,升学的压力已经从高考逐级向下推到"幼儿园升小学"。生源多的小学自然要通过考试对考生加以筛选。这种考试刺激幼儿家长和幼儿园帮助孩子进行应试准备,把幼小的孩子从四五岁就绑在应试的战车

---

① 罗英智.幼小衔接工作中的误区和走出误区的思考[J].辽宁教育,1999,(Z2):31—32.

上。为了应付考试,幼儿不得不去学习一些在小学才应该学习的内容,形成幼儿教育的"小学化"。这非但不能提高儿童入学的适应能力,反而造成种种弊端。实际上,真正的幼儿园的教育内容是全面的、启蒙性的,在健康、语言、社会、科学、艺术等五个领域,从不同的角度促进幼儿情感、态度、能力、知识、技能等方面的发展。

和突击衔接相反,各个阶段、各个学校,都应该是按照发展规律,扎扎实实给孩子在本阶段应该掌握的东西,以防止造成到高一级学校才发现"巧妇难为无米之炊"的尴尬局面。

第二章
三个衔接的特点与典型问题

一、幼小衔接

(一)幼小衔接中生理、心理、社会文化的特点

1. 幼小衔接教育研究是当前现实的需要

现实教育实践的需要是我们研究幼小衔接的一个重要原因。在我国,按照国家教育主管部门的规定,年

第二章 三个衔接的特点与典型问题

满7周岁的学龄儿童可以进入小学接受初等教育。最近几年，南方大部分城区学龄儿童的入学年龄有所变化，即6周岁入学。我国地域辽阔，儿童的生长、发育、成熟，自然存在差异，随着社会的不断发展，知识经济的到来，尤其是人们对零岁教育、早期教育的普遍重视，使婴幼儿的脑发育更迅速，智力发展更突出。所有这些都为儿童入学接受全面、系统的教育奠定了物质基础。在这种条件下，部分儿童提早入学实属正常。幼小衔接教育研究成为学校教育的需要。

幼儿园与小学之间的差异是幼小衔接教育研究的另一重要原因和内容。幼儿园和小学有着以下几个明显的差异：

第一，教育方式上的变化。在幼儿园，儿童以游戏的方式与周围的环境互动。升入小学后变成了以文化学习为主的方式，上课时间延长。幼儿园中以培养幼儿良好的情感、态度、行为习惯为主要目标的活动被正规的学习活动取代。另外还有家庭作业、成绩考核等方面的不同。

第二，儿童心理上的变化。现代精神分析学派代表人物之一埃里克森提出了"人生八大阶段"的分期说，其中6岁正是"主动对内疚"到"勤奋对自卑"阶段的转折点。儿童心理上发生重要变化,由过去依赖父母和老师,受"保护"的角色,逐渐过渡到独立自主地完成学业,解决生活中的突发事件。

第三,生活环境的变化。因为在幼儿园熟悉的老师、小朋友被新的老师和同学取代,幼儿在入学伊始容易产生孤独感、焦虑感。小学课堂桌椅的摆放方式也不再是圆圈或半圆式的,而是整齐地朝向某一方向。

第四,师生关系的变化。幼儿园时期倡导"保教并重",即幼儿园老师承担着保育和教育的双重角色;而进入小学后,随着幼儿身心发育不断完善,老师的保育色彩逐渐降低,而教育的成分逐渐增加,老师与学生在一起的时间逐渐减少,师生关系发生变化。

幼小衔接教育研究是幼儿适应小学生活的需要。由于幼儿园和小学之间存在以上差异,导致幼儿入学以后出现种种不适应:精神紧张、过度疲劳、身体不适、体质下降、睡眠不足、心理压力大。不少儿童在学习、生活、人际交往方面都有困难。此外,有些儿童还表现出自信心不足、容易忘事、情绪不好、厌恶学习等。所有这些不适,需要很长时间才能转变,这无疑对其心理的发展和学习的成功有害无利。

另外,从总体上看,我国的幼小衔接工作虽然已经有很大进展,但也存在各种问题,比如:只重视知识,不注重学习习惯、学习兴趣、行为习惯以及社会适应能力的片面衔接;幼儿园关注小学多而小学不关注幼儿园的单向衔接;在幼儿园大班下学期才开始进行有关幼小衔接的活动的突击衔接,等等。

幼小衔接的目的是解决儿童入学以后的适应困难,即社会适应和学习适应两个方面。因此,对幼儿进行以能力为重点,适应儿童年龄特点的全面系统的衔接教育,循序渐进地促进幼儿适应能力的持续发展,使幼儿身心发展和谐,这是解决幼小衔接教育问题的实质所在。而了解儿童的身心发展特点则是解决这一问题的前提与基础。

2. 幼小衔接中孩子的特点

如果说孩子离开家庭走向托儿所、幼儿园是第一次"社会性断奶"的话,那么,孩子进入小学走向更加独立、丰富、多变的生活内容和生活天地,便是"第二次社会性断奶"。而且第二次更重要。

然而在现实生活中,我们经常会发现许多孩子进入小学后,出现了各种各样的问题:丢三落四,学习兴趣不高,胆小孤僻,不守纪律,自私,不会和同学交往……刚从幼儿园步入小学的孩子为什么会有这么多问题?怎样做才能帮助孩子尽快适应小学生活呢?

要解决好这些问题,必须了解处在这一时期的儿童身心发展的规律和特点。

(1)身体各系统的发展速度不一致

儿童身体各系统的发展是不平衡的。出生后脑的神经系统发育最快,在最初的6年内继续以极快的速度发展着,学龄前期就可接近成人水平。

儿童身体的正常发展遵循两项原则:一是"头尾原则",即身体各部分的发展必须从头部延伸到身体的下部,次序是头部→颈部→躯干→下肢;二是"远近原则",即发展是从身体的中部开始,然后延伸到边缘部分。头部和躯干比四肢先发育,手臂和腿比手指和脚趾先发育。

儿童动作的发展与身体的发展关系密切,并有类似的发展规律。因其生理的发展是从大肌肉延伸到小肌肉,所以,儿童先学会大肌肉、大幅度的粗动作,以后才逐渐学会小肌肉的精细动作。写字技巧就是手部精细动作的一部分。就"学龄前儿童发展量表"与写字相关的发展来看,一般儿童满3岁会仿照别人画圆,3~4岁会用前三指拿笔,4~5岁会用剪刀剪出简单图形,5~6岁会画三角形、头、身体、四肢等。就一般儿童的发展而言,大约一半以上的儿童满五岁时可成熟地握笔写字。实际上,精细动作的发展和其他发展有关联。临床上,如果以下的发展没有成熟,儿童的写字能力可能也会受到影响。

当一个儿童手部的肌肉或身体的支撑力尚无法承受写字的负荷时,肢体就有可能因此而变形,如脊椎侧弯;感觉功能如视觉、触觉、听觉、本体感觉等;动作控制能力如头颈部的稳定度、肌肉张力、躯干及手部的力量等;知觉功能如深度知觉、背景及主题的区分能力等。

了解了儿童身体发展的这些特点,我们就不难理解不足6周岁的儿童在智力上并不比已满6周岁的儿童差多少,而在入学以后却不能很好地适应小学生活的原因了。因此,让孩子足龄入学是顺利度过衔接期的一种正确选择。

(2)运动经验能促进交往能力的发展

研究发现,环境对动作能力的发展有一定的作用。例如:不同的教养方式可以影响动作发展的速度,照料孩子的不同方式会造成动作发展的差异,如非洲婴儿放在母亲背上的襁褓中,因头部缺乏支撑,所以很快就学会使头直立。因此,在孩子成长的过程中,过多限制和过度保护会使其动作发展受到限制而错过发展的最佳期,不仅不利于幼小衔接期的顺利过渡,且影响其一生的身体健康。

对儿童进行动作训练可以加快其动作的发展,而动作的发展会加速或提前心理的发展。没有约束的自由自在的跑跑跳跳活动比摆弄固定的玩具更可以发展儿童的运动能力。与同伴一起玩耍、游戏是一种发展运动能力的好方法。与同伴或者兄弟姐妹一起游戏比自己玩的时间长一些,而且运动量也大,游戏的种类和方式也会更丰富。在这种情况下,运动能力会得到进一步的发展。因此,经常与同伴一起玩耍的儿童,能积累丰富的运动经验,掌握很多与同伴相处的技巧,其运动能力和交往能力将明显优于没有同伴的儿童。

合作是社会性行为的表现,是儿童适应社会生活不可缺少的社会技能。如果儿童缺乏合作的精神,不愿意或不善于与他人合作,都可能影响儿童的社会性发展。儿童早期合作行为的发展与同伴玩耍、游戏有密切关系。不能总把孩子关在家里,让他玩自己的玩具,而应该有意识地带着儿童参与到同伴的活动中,让儿童通过接触性格各异的同伴,在与他们的相处中发展交往能力、合作能力。这样,他们在进入小学这一新的生活环境时,会更容易结交新伙伴并从中享受到快乐,顺利度过幼小衔接期。

(3)儿童知觉的发展随年龄增长而趋于完善

实验者给4~9岁儿童看一些虽然显得似乎是一个整体,但其个别部分描绘的突出的图片,让儿童说看到了什么。结果4~5岁的儿童大都只看到了图形的个别部分,6岁的儿童开始看到整体部分但不确定,7~8岁的儿童既能看到部分又能看到整体,8~9岁的儿童则一眼就能看到部分和整体的关系。这个实验很好地解释了为什么一年级孩子经常出现写半个字的现象,这是由儿童整体知觉和部分知觉发展的特点所决定的。

方位知觉是一个人对自身或物体所在的位置和方向的反应,如对上下、前后、左右等的知觉。3岁儿童已经能正确辨别上下方位,4岁儿童开始能正确辨别前后方位,但对于辨别左右方位还是感到困难,5岁儿童开始能以自身为中心来辨别左右方位,6岁儿童虽然能正确辨别上、下、前、后四个方位,但以自身为中心来辨别左右方位的能力尚未发展完善。这就是儿童经常把左右结构的汉字写成左右颠倒、把两位数的个位和十位颠倒的原因。

时间知觉是个体对客观现象的延续性和顺序性的反应,即对客观事物运动过程的长短和先后的辨认。皮亚杰同时启动两个机械蜗牛给学龄前儿童看,其中一个爬得快,另一个爬得慢。当快的蜗牛已经停止爬时,慢的还在爬,可最终未赶上快的蜗牛。这时儿童不能明确哪个蜗牛用的时间少。实验结果表明:4.5～5岁的儿童不能把时间关系与空间关系分开来思考,5～6.5岁开始能把两者分开来想,但还不完全,7～8.5岁儿童才能把二者分开。关于时间顺序的发展,儿童首先感知的是一日之内早、中、晚的顺序,然后认知一周之内的时序,最后认知一年之内的四个季节的时序。儿童由于对于时间的知觉水平差,他们课间玩耍时常常会忘记了上课,有的能够根据操场上没有人了来判断已经上课,这时肯定迟到,有的则完全沉浸在玩耍的世界里,等老师派别的同学来找他,这才如梦初醒。

随着年龄的增长,儿童的知觉日趋完善。在初入小学的阶段,其知觉发展水平制约了他们在学业上的表现。如果家长和教师能够深刻了解他们知觉发展的特点,就不会简单地把学习中的问题归结为贪玩、粗心,就会更加耐心地等待着儿童的成长。

(4)儿童的注意品质与学习成就密切相关

儿童注意品质的发展表现在注意稳定性的增长、注意范围的扩大以及注意分配和注意转移的提高等方面。

第二章 三个衔接的特点与典型问题

注意的稳定性是指在同一对象或同一活动中注意所能持续的时间。持续时间越长,注意的稳定性越高。幼儿期儿童对什么都感兴趣,什么都想看看摸摸,显得"多手多脚"。但注意的稳定性随着年龄的增加也有所发展。实验证明:在良好的教育环境下,3岁幼儿能够集中注意3~5分钟,4岁幼儿能够集中注意10分钟左右,5~6岁的幼儿能够集中注意15分钟左右。由于游戏能引起幼儿的兴趣,所以在游戏中的注意时间比在枯燥的实验条件下长。

注意范围也叫注意广度,是指在同一时间内能清楚地把握对象的数量。幼儿注意范围小,但随着年龄的增长,注意范围逐渐扩大。如小班的儿童,一般只能注意到事物外部的较鲜明的特征和动作,如火车、轮船冒气及它们的声音。中班儿童能注意到事物的不明显部位及事物之间的简单关系,如火车、轮船的去向和忙碌的旅客,以及他们的表情。大班儿童则能注意到火车、轮船为什么能开动,船为什么在水上不会沉等内部状况或原因。

注意的分配是指在同一时间内把注意指向不同的对象与活动上。儿童由于知识经验不足、掌握的熟练动作少,因而注意分配能力较差,如3岁幼儿自己活动时,来不及关心别人,只是自己玩耍;4岁幼儿可以和同伴一起做游戏;5~6岁幼儿能参加复杂的集体游戏。

根据任务主动、及时地从一个对象或一种活动转移到另一对象或另一种活动上的能力叫注意转移。注意转移的快慢、难易与原注意的强度、新刺激的性质有关。幼儿注意转移能力差,年龄越小注意转移越慢。

儿童注意的品质影响他们的智力活动和学习成就,教师的授课水平也影响儿童的注意品质。所以,教师的课堂教学设计要环环相扣、妙趣横生。可根据儿童注意的稳定性特点,在上课15~20分钟左右让孩子唱唱歌、做做操、讲讲故事、听听音乐等,这样可以把40分钟变成2个20分钟,不但使儿童不易感到疲劳而且能有效提高教学效率。当儿童在学习上出现写作业丢三落四、听课东张西望、考试丢题、抄错数等一系列问题时,教师可以多从注意品质方面去寻找原因和解决办法。

(二)当前幼小衔接的典型问题与分析

从20世纪90年代起,美国、英国、法国、瑞士、日本等发达国家对幼小衔接问题进行了大量的研究,其目的就是提高学前儿童的身心发展水平,让学前儿童掌握一部分知识技能,从而降低幼小衔接的坡度,使学前儿童能尽快地适应小学教育。

1990年至1994年,我国教育部和联合国儿童基金会历时5年合作进行的"幼小衔接研究",通过儿童入学前半年和入学后半年的连续实验研究发现,对学前儿童做好入学前准备,包括学习适应方面的准备(如培养幼儿小学学习所需要的抽象思维能力、观察能力、对言语指示的理解能力和读写算所需要的基本技能等)以及社会适应方面的准备(如培养幼儿任务意识与完成任务的能力、规则意识与遵守规则的能力、独立意识与独立完成任务的能力以及主动性、人际交往能力等),能够使儿童进入小学后在身体、情感、社会性适应和学习适应等方面都有良好的发展,从而顺利地实现由学前向小学的过渡。

虽然国内外对"幼小衔接"问题的研究都取得了许多具有价值的成果,并进行了一定范围的推广,但时至今日,我们重新审视国内"幼小衔接"工作,却发现这仍然是一个没有得到很好解决的问题。

1. 入学准备中的危机

由于思想认识上的偏差,教师的整体素质水平不高,"幼小衔接"的课程结构和内容又缺乏具体明确的要求和理性指导。"幼小衔接"问题提出以后,幼儿园小学化倾向越来越严重,幼儿园和小学的一些教师急功近利地将大量知识技能作为追求的目标。幼小衔接中只重视"智"的衔接,忽视德、体、美、劳等的衔接,特别是忽视社会适应能力的衔接。在智育中,重视知识,特别是数学、语文知识的衔接,忽视学习兴趣、学习能力、学习习惯的衔接和生活经验的积累。

　　幼儿教育的"小学化",非但不能提高儿童入学的适应能力,而且还造成种种弊端:儿童刚入学时,确实感到轻松,自以为老师教的知识自己都学过了,其实他们仅仅懂得一些皮毛,却养成了骄傲自满、上课不专心的不良习惯。当进入新的学习阶段时,"储备"用完,以往的知识优势不在了,又缺乏积极思考问题、主动获得知识和技能的心理准备和能力,缺乏认真学习的习惯,这时就会出现适应困难、学习"没后劲"等问题。

　　同时,幼儿教师没有经过小学教育的专门训练,对小学教学要求不甚了解,所教知识和技能有时不够规范,也不能根据幼儿的心理特点进行教育,以致使儿童养成了不正确的习惯,如书写汉字笔顺错误、执笔姿势不正确、读拼音发音不准等,致使儿童刚入学就面临首先纠正错误的问题,阻碍了儿童应有的发展。因为付出的努力太大,也牺牲了幼儿多方面发展的机会。

第二章 三个衔接的特点与典型问题

面对这些"幼小衔接"问题,需要我们进行更深层次的思考、分析和探索。

幼小衔接这项持续性的教育系统工程中有两个因素最为重要:一是课程,二是教师。

课程是实现幼儿教育发展目标的载体,是幼儿与社会相联系的桥梁。而构建什么样的课程,也正反映出我们的价值追求。因此,我们研究的重心应该转移到"幼小衔接"的课程上来,并作为整个"幼小衔接"工作的突破口。

教师是课程的构建者和实施者,教师整体素质的优劣高低,直接影响课程目标、内容和方法的有效性。因此,我们在构建"幼小衔接"特色课程的同时,需同步研究构建教师的教育体系,探索新型的教师培训模式和方法,培养教师的课程能力,促进幼小教师整体素质的发展。

在这样的基础上,我们才能更好地着眼于"让孩子拥有健康幸福的人生"这一教育终极目的,把幼小衔接工作放到终身教育的大背景下来考虑,以幼儿为本,始终关注幼儿的可持续性发展,而不是仅仅要求幼儿去适应小学教育,从而逐步扭转幼小衔接过于注重小学的需要,一味让儿童适应小学而忽略儿童需要的状况。

2. 要不要提前入学

究竟能否早入学,要依据儿童生理、心理发展的特点和不同发展水平而定。身体健康、智力水平达到入学儿童中上水平,心理承受能力较强、具有独立思考能力的儿童,可以提前入学,否则要找专门的研究机构或有经验的教师进行咨询,切不可不加分析盲目赶潮流。否则,不适当的提前入学会带来诸多的负面效应。

(1)生理方面

不适当的提前入学会损伤儿童的有机体。

有的家长把早入学的论据,归结为国外儿童大多为6岁入学。但家长们并不了解这些国家的文化背景、社会条件及学校课程设置等情况。国外许多学校之所以让子女早入学,或是为了减轻家长负担,便于其工作,或是为了享受一定的社会福利,尤其是国外学校在课程设置上与我国有很大区别。

在德国,6月30日以前出生满6岁的儿童在8月1日可以进入小学接受6年的基础教育,然后是5~9年的中等教育。就初、中等学生在校学习的时间看,德国比我国时限长。德国小学一年级的周教学时数为19~20课时,一年级结束时学会所有德语字母,会1~20以内的加减法。

第二章　三个衔接的特点与典型问题

在美国,小学三年级以前仅学100以内加减法,儿童在学校学习、游戏各半(半小时上课,半小时活动),教学要求也十分宽松,教学内容可由师生临时决定。如果学生们都提出要休息,那么数学课就可改为"睡觉课"。

而在我国,小学一年级的周教学时数在28课时左右,主课占70%以上,除学习100以内的加减法外,还要熟练掌握汉语拼音、常用汉字400余个,大中城市中的许多学校每周加2~4学时的外语,大部分学生都要上1个专项班,有个别学生要上几个专项班,他们不但没有玩耍、自由活动的时间,就连睡眠时间也无法保证,学习负荷远远超出国外儿童。

众所周知,六七岁正是儿童身体快速生长时期,这既是一个生长高峰期,也是一个潜在的危险期,因为短时期的快速生长,使血液循环、骨质钙化、神经系统的发育变得相对脆弱,过早过重的学习会使上述矛盾加剧,导致或直接阻碍有肌体生长,或是促使有机体畸型生长。近视、驼背、神经性头痛、抵抗力低等现象的出现,与此不无关系。

(2)心理方面

不合时宜的提前入学对儿童的心理健康有消极影响。

人的心理发展是通过内外环境矛盾运动及主体对矛盾的解决而实现的。即外部环境提出客观要求,使主体原有的心理平衡出现倾斜,产生矛盾运动,后经个体努力,解决矛盾(即解决了客观环境提出的问题),达到心理的新平衡,心理向前发展。但是如果儿童过早入学,其生理、心理发展均未达到同级标准,学校、教师提出的要求对于他们来说,变得过高、过难,儿童内心世界虽然也存在矛盾运动,但经过个体努力仍无法解决,矛盾不解决,心理不发展。这样,早入学根本不会带来什么早慧,反而由于经常性地不能解决问题、内心充满矛盾,使儿童产生挫折体验,导致自卑或对教育、学习的逆反。

挫折是每一个人在不同的发展时期都可能产生的态度、体验,是不可能完全回避的。但值得注意的是,由于年龄的不同,知识经验、认识水平存在差异,人对挫折的承受能力也各不相同。对于年龄较小的儿童,他们还不能正确地对待挫折,分析挫折产生的原因,增加个体心理张力,化阻力为助力,而是对挫折印象深刻,恐惧感强烈,进而带来两种消极的心理反应:一为自卑,一为逆反。

提前入学会使学生压力过大,心理紧张。家长送子女提前入学的大部分动机是望子早成龙,可家长们违背教育原则的过分期盼与儿童完成任务的实际能力并非成正比。相反,过分的期待和希望反化为压力,造成学生的紧张心理。心理学研究表明,一定的压力和适度的紧张,能促使神经迅速兴奋。注意力集中,便于学习和解决问题,但过度的压力和紧张,则会阻断神经传导,不利于问题解决,并使人急躁抑郁。在我国,社会压力与人的年龄倒置,即年龄越小(小学后),经受的压力越大,这势必对儿童的心理健康产生消极影响。

此外,心理定势会对学习产生消极影响。心理定势是人在解决问题时具有的一种心理准备状态。一般情况下,心理定势的产生,有利于同类问题的顺利解决。但它同时也可导致人循规蹈矩,缺少创造性。现阶段,我国中小学课堂教学方式仍以讲述式为主,儿童年龄越小,主动性越差,主动探求的机会越少,而被动接受的习惯增多,受定势影响越大。幼童时期养成的根深蒂固的学习定势,势必影响儿童未来的视野和创新性。

3. 拔苗助长风的泛滥

当前,一些农村幼儿园在大班或学前班,普遍提前开设小学一年级课程;城市幼儿园虽无此举,但是家长却自发让孩子在家学习小学一年级甚至二年级课程。

家长的用心良苦叫人感动,但客观上却害了孩子。

众所周知,学生的学习是在教师主导下的求知过程,所学的知识必须是新鲜的,而且带有一定困难,须经努力方能求得。只有这样,学习者才能自始至终兴趣盎然,像登山一般拾级而上,直至知识的顶峰。否则,如果所学的是已知的,学后无所得,不仅激发不起学习的兴趣,反而会产生厌倦情绪。长年累月,虚度光阴,处于知识的"断乳"状态,在儿童心理发展上影响极坏。教师的威信也将面临严重挑战。因此,幼儿园和家长都不要越俎代庖、拔苗助长。

在小学阶段,特别是在小学一二年级,孩子的成绩并不是最重要的,重要的是培养孩子积极向上、乐观自信的良好心态和爱学习的良好习惯。如果学习生涯才刚刚开始,孩子就已经厌倦学习了,那才是我们最应该烦恼的,也是最可悲的。

蒙台梭利教育有这样一个原理:教育效果具有爆发式特征。只要我们通过合理、正确的教学方式,就可以为孩子储蓄大量的、进一步爆发的、快速成长的、具备更久远竞争力的基础。如果孩子具有那样的"学力",往往能够战无不胜,一往直前。相反,如果过早将超年龄的学习内容以及学习方式强加和实施到幼儿阶段,可能教

第二章 三个衔接的特点与典型问题

育效果非常低,拔苗不一定助长,结果非常糟糕。

儿童从出生那一刻起就面对自己一生的成长之路,每个人都在不同家庭、学校、社会环境的影响下开始自己的人生旅途。"学段"是一种人为的划分,实际上每个人一生的成长都是连续不断的,其身体、心理、适应能力都是一天天一年年成长的,不可能一下子就跨越到另一个阶段。身心的自然渐变性与学段的跨越性产生了矛盾,衔接就是要解决这种矛盾。矛盾解决的关键是从身心发展渐变性出发,缩小学段跨越性的差异,使学段跨越性更小、更自然、更流畅,更适宜人的身心发展的自然渐变性。

儿童心理学的研究材料表明,儿童身心发展既有连续性,又有阶段性,幼儿和小学生虽然是两个不同的发展阶段,每个阶段有着各自的特点,但是,阶段特点的变化不是突然发生的,而是渐变的。一个孩子决不是在跨入小学的那一天,突然失去幼儿的特点。发展的连续性规律决定了两个阶段的特点同时并存,且相互交叉,幼儿阶段的特点逐渐减弱,小学阶段的特点逐渐增强。

所以,衔接应落在儿童这一主体上,要找寻儿童前一阶段已有的发展水平、基本能力同后一阶段所需的发展水平、基本能力的差异,通过衔接教育,促进儿童自身内部的发展变化,促进儿童身心发展从量变到质变的飞跃。这是持续发展的根本,衔接的主线。

　　因此,幼小衔接不仅是知识、技能的衔接,也是情感、态度、能力方面的衔接;不仅有语言、数学能力的衔接,还要有规则意识、任务意识、社会交往等社会能力的衔接;既要考虑到生理内容的衔接,更要考虑到心理内容的衔接;既是智力的衔接,又是德智体美的衔接。只有这样,才能使儿童身心发展和谐。

二、小初衔接

　　中学和小学是我国基础教育的两个阶段,它们虽然相互联系,但在教学目标、教学要求、学习任务、学习方法、管理方式以及学生的认知特点、心理特点、个性特长等方面存在着较大的差异,这些差异形成了学生从小学到中学过渡中的"坎"。据有关统计,约占61%～65%的学生由于本身的调节机能比较好,一般说来在常规条件下能自行顺利过渡;但是,尚有35%～39%的学生,因为心理素质不协调,自身调节机制不健全,面对这个"坎"

感觉难以逾越,由此造成他们升入中学后出现无所适从、焦虑急躁、学习困难、态度消极等现象,增加了心理障碍,挫伤了学习的积极性。因此,小初衔接存在的问题就成了影响中学生学习质量的重要因素之一。[①]

(一) 小初衔接中生理、心理、社会文化的特点

1. 生理特点

青春期通常称为青春发育期,是少年向成年过渡的阶段,相当于小学后期和整个中学阶段,一般在十一二岁至十七八岁之间,处在青春发育期。其中十一二岁至十四五岁为少年期(青春早期),十四五岁到十八九岁为青年初期(青春期)。

五六年级至初一阶段的学生就处于青春早期,其生理发育最主要的特点就是从原来的不成熟趋向成熟。中学生生理机能的变化涉及很多方面,归结起来主要有"三大变化":一是身体外形的变化;二是内脏机能的健全;三是性的成熟。性是人体内部发育最晚的部分,它的发育成熟,标志着人体全部器官接近成熟。各种资料

---

① 陕西省中学 JIP 实验指导组(程相襄执笔).关于小中学衔接问题的研究报告[J].陕西教育学院学报,1997,(1):1.

教育的衔接期
/JIAOYU DE XIANJIEQI/

都表明,人到了青春发育阶段,骨骼肌肉的生长发育速度最快,然而心理水平尚未成熟,所以人们往往称少年为"半大人"。

五六年级的女孩子们将面临月经初潮,但此时的生理周期并不规律,有时会因为紧张而导致生理期的提前或错后。有的孩子会突然有两三个月甚至长达一年以上的时间没有月经再出现。这个阶段女生的第二性征乳房开始发育。生理的巨大变化,使这个阶段的女生对自己身体的巨大变化感到惊奇、不解,甚至恐慌,也在很大程度上影响到她们的学业。

男孩子们的喉咙开始急速成长,声带变长、变宽——他们开始变声了。这个阶段大概持续二三年时间,多数男孩在初中阶段开始,最早的在小学开始。男孩子们奇怪的声调有时会成为其他人取笑的对象①,这常常会成为他们今后不敢开口讲话的起因。他们在性格上也会发生变化,如由活泼变得敏感、多疑、内向抑或暴躁。

从上面的事实不难看出,小学生升入初中时生理变

---

① 李仁伟.如何了解孩子的心理——全方位育儿宝典[M].西宁:青海人民出版社,2002:220—243.

化处于一个生理高峰期,是一个连续不间断的阶段。

由于第二性征的出现和性激素的产生,对脑垂体的正常活动产生了影响,使兴奋和抑制的交替不稳定,有时甚至产生急剧变化,降低了大脑皮层上第二信号系统对行为活动的调节作用。因此,这个阶段的少年容易产生过激言行。

在心智成长的这个关键期里,学生不仅要面对升入新学校的种种问题,还要面对来自自身生理的巨变。他们常常会感到束手无策,甚至惶惶不可终日。如果这一时期没有获得正确的指导,可能会造成孩子不健康发育,或不健康生活行为。

2. 心理特点

瑞士心理学家皮亚杰(J. Piaget,1896—1980)提出了一个至今仍被认为最有影响的认知发展阶段理论。他认为,在每一个连续的阶段中,认知发展都发生了质的改变。尽管儿童在每个阶段取得的成就都是建立在前一个阶段的成就之上,但这些成就与前一个阶段的成就并不相同。认知能力的发展是突发的、跳跃的,而不是随时间平缓地发展的。①

这一理论说明了两个问题:第一,孩子的认知发展是连续的;第二,孩子的认知发展是呈阶梯状的。

六年级的孩子开始了解自己的实力,他们会在升入六年级之后不再打没有把握的仗。如果他在讲不过别人时,也会明白认输,但会把输掉时的不甘心转嫁在其他弱者身上,找到"出气筒"。此时,他们还喜欢强词夺理,因为他们对规则产生了兴趣。孩子们在意的除了规则条文本身外,更在意的是如何活用规则、在遵守规则的同时如何达到自己的目的。②

在最烦恼的事和最想做的事中,六年级的男生和女生有所差异。因为女生比男生先发育,而六年级的女生正处于青春发育初期,比较敏感,开始有少女的心事和幻想。在一项相关调查中,就有女生填写自己在为"早恋"而烦恼。《关于东方明珠学校六年级学生心理信息调查报告》显示,男、女生近期来最令他们开心、烦恼以及他们最想做的、最想得到帮助的事情的具体内容,其

---

① Robert J. Sternberg,Wendy M. Williams. 教育心理学[M]. 张厚粲,译. 北京:中国轻工出版社,2003:40.

② 李仁伟. 如何了解孩子的心理——全方位育儿宝典[M]. 西宁:青海人民出版社,2002:220—243.

第二章 三个衔接的特点与典型问题

中从百分比可以反映男生和女生在有些事件上存在明显差异。如他们共同认为最开心的事是和同伴玩耍,其次是成绩有所提高,有 50.0% 的男生最烦恼的是自己的学业问题,其次 30.0% 的男生在为友谊而烦恼;而 55.6% 的女生却在为友谊而烦恼,女生中只有 11.2% 在为成绩而苦恼。虽然女生没有为学习而苦恼,但最想做的事就是提高自己的学习成绩;而男生虽然最烦恼的事是学习,但最想做的事还是去玩,并且其中有 81.8% 的回答最想做的事是玩电脑。

六年级的男生、女生此时在话语中常带有脏字,喜欢打闹,想尝试一些成人的不良嗜好,如抽烟、喝酒等,他们认为这样很酷。如果教师和家长不能及时发现并予以正确的引导,有可能成为今后的恶习。

升入六年级后,大多数的孩子会开始对报纸感兴趣,通常男孩子会对政治感兴趣,而女孩子会对社会有关记事感兴趣,也就是说,孩子从这个时期开始对社会结构感兴趣。

在生活中孩子表现出两面性,比方说,明明心里是这么想的,但嘴巴上却绝不这么说,他们在尝试使用策略。孩子进入青春期后,这种技巧将被运用得更加成熟,而且多半能够得逞。在这同时,孩子们也乐于把策略运用到游戏中去。孩子们不仅仅希望得胜,还希望能从运用策略的获胜中得到更大的满足和鼓舞。这种情形也表现在实际生活方面。孩子从前对卖东西的人不感兴趣,甚至有时会畏惧他们,但现在开始则会积极地和他们应付,即使逛街没有买东西,孩子回家后也会欢欢喜喜地向家长汇报。

六年级的孩子开始会使唤别人,明明自己必须参与劳动,偏偏找借口让自己不必动手,而只是支使别人,特别是让比自己小的人替自己忙东忙西。这种现象多半是从这个时期开始的,同时随着年级增长而恶化,多半会持续到青春期结束之后才会停止。①

六年级的孩子记忆力较以前有长足的进步,而且准确度提高;在记忆内容上,初中一二年级的学生,比小学五六年级的学生要高一倍多。

随着年龄的增长和身心的发展变化,升入初一的学生在自主独立意识、发现和探索自我、思维的独立性和批判性等方面都增强了,但学生心理年龄特征仍处于半幼稚、半成熟、半独立以及自觉性和幼稚性错综交织的

---

① 李仁伟.如何了解孩子的心理——全方位育儿宝典[M].西宁:青海人民出版社,2002:220-243.

状态。然而中学学科内容多了，难度大了，要求高了，各种条件发生了变化，大部分同学在心理上往往处于被动状态，一部分同学容易走上弯路，出现滑坡。

初中阶段的学生在心理发展中会呈现以下四个方面的特征：

(1) 产生成熟感并不断发展

进入初中阶段，学生的身体发育进入了第二个高峰期，尤其是第二性征的出现，使他们感到自己已经长成大人了。每当别人对他们投以注意的目光或成年人以平等的姿态和他们交谈时，他们都会产生一种成熟的自豪感。可实际上，他们在很多方面还不够成熟，这仅仅是少年们的一种主观体验而已。

(2) 自我意识发生质变

自我意识是个性发展的一个重要方面，它是进行自我教育的基础。自我意识萌芽于幼儿阶段，儿童时期有一定程度的发展。到了少年期，自我意识发生了质的变化，他们真正认识了自己，第一次发现了自己，他们开始留心周围人的眼光、态度和对自己的评价，目的都是为了寻找"我是一个什么样的人"的答案。少年自我意识的发展首先表现在自我评价的能力上，也反映在对他人评价的水平上。大多数少年能够对照别人作出自我评价,找出自己的优点和缺点,而小学儿童这种能力就较差,他们的自我评价往往是重复成年人的评价。

初中学生自我评价的特点大致有三个:其一,自我评价普通偏高,他们往往夸大自己的品质和能力;其二,自我评价由表及里逐步深化,他们往往首先评价自己的行为和对人态度方面的缺点,以后才逐渐会评价自己的个性特点;其三,自我评价不稳定,顺境时高估,逆境时低估,与此同时,情绪和积极性随之起伏。

(3)认知能力明显发展

少年期的学生处于从具体形象思维向抽象逻辑思维过渡的阶段,但具体形象思维的成分仍起重要作用。按皮亚杰的认识发展阶段论的划分,初一学生已开始进入"形式运演阶段",又称"认知思维阶段"。这时期学生已开始获得了超出自己直接接触的世界和自己信念之外的思维和推理能力,能够理解并使用相互关联的抽象概念,对问题的评价开始趋向系统化。

中学生观察水平不断提高,内容更加丰富,能抓住事物的本质,比小学时期更富有选择性、理解性、整体性和恒常性,但也有观察程序不合理,观察精确性不够,容易草率下结论等不成熟的表现;他们大都能根据学习的目的、要求及时而又迅速地转移注意力;中学生记忆力的发展达到高峰期,从直觉经验型向理论逻辑型转化,具体形象思维与抽象思维达到了统一;独立思考能力也迅速发展,对事物认识开始有自己的见解,开始用怀疑和批判的眼光来看待周围一切事物,不满足于成人和书本上的结论,喜欢怀疑、争论和猎奇,也喜欢探索、辩驳和提出一些新奇的想法,但其发展还很不完善,容易产生一定的片面性和表面性。例如,容易毫无根据地争论,钻"牛角尖",看问题孤立偏激,易走极端等。中学生发散性思维能力的发展存在着性别差异,总体而言,男生优于女生。因此,在培养学生的创造性、发散性思维能力方面,应注意对女生进行发散性思维能力的培养。此外,中学生的自信心和参与性大大增强,勇于自我表现;意志品质自觉性、行动的独立性、自尊心有所增强,但还不完全成熟;在不利环境作用下,可能出现一些易激动、不冷静、缺乏自制的行为;容易受外界事物和他人暗示;在挫折和失败面前还易产生动摇、畏难和悲观情绪;对积极意志品质(如勇敢有主见)与消极意志品质(如鲁莽、固执)的界限认识模糊。①

---

① 中学生各时期的生理心理特征分析[OL/EB]. 2007－09－09. http://www.gzs.cn/html/2007/9/9/80016－0.html.

(4)情绪、情感易冲动不稳定

升入初一的学生具有冲动性,不善于自制和自控,行为不易预测,表现为容易受外界刺激的影响等方面。他们还常常像小学生那样蹦蹦跳跳,爱说爱笑,带有很大的情感冲动性,不善于调节自己情感的过度兴奋。他们又常常表现出初中生特有的热情,争论问题时容易过分激动;遇到不愉快的事时不是急躁暴怒,就是灰心丧气;取得成绩时易产生自满情绪,遇到挫折时会悲观失望。①

3. 社会文化特点

六年级的孩子在认知方面表现出长足的进展,对于事情也能够按照道理来思考,也开始会跟别人讲道理。不合道理的事很难让他们信服。但他们讲道理的范围,仅限于自己的生活,对于太抽象的问题,还是不太能了解。

生理发育成熟的早晚差异,对男女生的心理感受或社交发展都会产生一定的影响。有研究表明,西方国家早成熟的男生往往更受同伴的欢迎,更可能成为学生领

---

① 小初衔接文献综述[OL/EB]. 2007－05－18. http://www.jqsyschool.com/educate/educateshow.asp? educate ID=1030.

袖,晚成熟的男生则更多地被当作小孩子看待,在社交上受到不公正的待遇。与男生相反,早成熟的女生在同伴中并不占优势,有时还会受到男生的嘲笑,在同伴和成人眼里,晚成熟的女生似乎更具优势,更受欢迎。① 这在无形中决定了每一个孩子在其群体中的地位及与其他同伴的关系。

初一年级是大多数学生青春期的开始,他们将面临一个新的学习环境。伴随而来的就是孩子对独立意识的强烈渴望,此时他们会由小学阶段的唯家长老师之命是从,发展到不自觉地要自己思考、决定一些事情。其实这与中学的要求是一致的,但他们缺乏这方面的经验,也不能对自己的决定有全面的考虑和预见,往往是盲目的或冲动的。例如初一阶段,一些学生的家长反映孩子不听话了,甚至与家长发生冲突,原因只是他们想做一些事情而家长认为不妥并拒绝。这一阶段,他们要摆脱由服从家长的社会道德行为评价标准,过渡到形成个体的道德行为评价标准体系,由具体的道德行为过渡到道德意识层次,是由一个幼稚的儿童成长为一个有独

---

① 中学生各时期的生理心理特征分析[OL/EB]. 2007-09-09. http://www.gzs.cn/html/2007/9/9/80016-0.html.

立的道德意识、确立社会角色的关键过渡时期。

(二)当前小初衔接的典型问题与分析

我国目前的教育模式绝大部分是:小学阶段与中学阶段的教育教学各自独立存在,中小学之间没有任何交流,导致中小学教育教学严重脱节。初中教育教学几乎是在一片茫然的情况下开始的,因此造成学生升入中学后出现严重的不适应。这对于他们的成长是极为不利的。步入中学阶段的学生,心理上总有一种很不宽松的窒息感,思想上几乎完全失去了孩提时代的那种自由和单纯。心理内压较大,影响着学习、工作、实践,甚至正常的生活,这也就成了培养学生基本素质和能力的最大障碍。

下面是我们经过多年调查研究获得的一些有价值的资料,将给我们提供有力的研究依据。

第一阶段研究成果及分析

2000 年 7 月—2001 年 3 月

表 1　初中生活适应性问卷调查

题　目	A组%	B组%	C组%	D组%	E组%
1. 我最怕转学或转班级,每到一个新环境,我总要经过很长一段时间才能适应。（　　） A. 是　B. 不肯定　C. 否	41.81	23.08	35.18		
2. 我最喜欢学习新知识或新学科,它给我一种新鲜感,能调动我的积极性。（　　） A. 是　B. 不肯定　C. 否	69.9	24.75	5.35		
3. 在正式比赛或考试时,我的成绩多半不会比平时练习时差。（　　） A. 是　B. 不肯定　C. 否	39.46	35.45	25.08		
4. 我最怕在班上发言,全班同学都看着我,心都快跳出来了。（　　） A. 是　B. 不肯定　C. 否	29.77	22.74	47.49		
5. 即使有的同学对我有看法,我依然能同他(她)交往。（　　） A. 是　B. 不肯定　C. 否	58.53	26.09	15.35		
6. 老师在场的时候,我做事情总有些不自在。（　　） A. 是　B. 不肯定　C. 否	34.45	21.4	44.15		

83

续表

题　　目	A组%	B组%	C组%	D组%	E组%
7. 同别人争论时,我常常感到语塞,事后才想起该怎样反驳对方,可惜已经太迟了。（　） A. 是　B. 不肯定　C. 否	35.18	22.74	42.14		
8. 有时自己明明把课文背得滚瓜烂熟,可在课堂上背的时候,还是会出差错。（　） A. 是　B. 不肯定　C. 否	48.49	18.06	33.44		
9. 在决定胜负成败的关键时刻,我虽然很紧张,但总能很快地使自己镇定下来。（　） A. 是　B. 不肯定　C. 否	58.86	25.42	15.72		
10. 我不喜欢的东西,不管怎样学也学不会。（　） A. 是　B. 不肯定　C. 否	39.43	32.44	38.13		
11. 在嘈杂混乱的环境里,我依然能集中精力学习,并且效率较高。（　） A. 是　B. 不肯定　C. 否	20.74	46.15	33.11		
12. 我在刚入初中时,很快适应了,并比小学成绩有提高或相差不多。（　） A. 是　B. 不肯定　C. 否	52.51	47.49			
13. 我是在以下时间内完全适应中学生活的。（　） A. 两周之内　B. 一月之内　C. 期中考试以后　D. 初一第一学期期末　E. 初一第二学期	36.79	34.78	11.04	11.37	6.02

第二章 三个衔接的特点与典型问题

续表

题　目	A组%	B组%	C组%	D组%	E组%
14. 我认为中学与小学有以下不同的地方(请按差异由大到小的顺序填写序号,最大的填"1",次之填"2",依此类推)。(　) A. 教师的教育管理方法　B. 教师的教学方法　C. 自己的学习方法　D. 与同学的关系　E. 学习内容的增多	26.09	14.05	11.37	14.38	34.11
15. 我认为中学与小学的以下差异很难适应(请按难度由大到小的顺序填写序号,最大的填"1",次之填"2",依此类推)。(　) A. 教师的教育管理方法　B. 教师的教学方法　C. 自己的学习方法　D. 与同学的关系　E. 学习内容的增多	23.75	12.37	14.72	17.57	32.12
16. 我认为中学与小学的不同之处,令我最难适应的原因是(　)。 A. 老师的教育教学方法与小学不同　B. 学习紧张、学习方法、作息时间太长　C. 学习及生活自主内容增多　D. 对同学、老师感到陌生　E. 无	10.37	36.12	6.69	20.40	26.42
17. 我希望老师在我出现不适应的时候对我采取以下的态度。(　) A. 温和热情　B. 多与学生单独沟通　C. 关心、引导、帮助　D. 多鼓励　E. 任其自然	11.37	11.04	37.79	7.02	32.78

说明:此表调查了普通学校初二年级317名学生,其中有效答卷299份。

表1分析:

从上表的数据中可以得出以下结论:

第一,表中第8、10、11、12项调查显示:

①学习内容的增多,学习及生活自主性的加强,是学生升入初中后的主要矛盾;

②对于与同学、老师的关系感到困惑处于第二位;

③第三是对初中教师的教育教学方法不适应。

第二,表中第13项调查显示:

初中新生自己认为已适应初中生活的时间为一个月以内,但仍有28.43%的学生在期中考试以后才适应初中生活,甚至有6.02%的学生直到初一第二学期末才完全适应初中生活。

第三,表中第1、3、4、5、6项调查显示:

初中生的适应能力与环境有密切关系,其中主要因素是老师和同学关系。

第四,表中第2、7项显示:

初中生学习仍主要以兴趣为原动力。

第五,表中第13项调查显示:

初中生最希望教师能在自己对新生活出现不适应的时候,给予关注和帮助。值得注意的是,学生要求的是一种循循善诱的方式。

第二章 三个衔接的特点与典型问题

第二阶段研究成果及分析

2007年6月—2008年2月

表2 初中生活适应性问卷调查

题 目	A	B	C	D	E
1. 我最怕转学或转班级,每到一个新环境,我总要经过很长一段时间才能适应。（ ） A. 是 B. 不肯定 C. 否	26.56%	26.56%	45.31%		
2. 我最喜欢学习新知识或新学科,它给我一种新鲜感,能调动我的积极性。（ ） A. 是 B. 不肯定 C. 否	69.53	23.44	3.90		
3. 在正式比赛或考试时,我的成绩多半不会比平时练习时差。（ ） A. 是 B. 不肯定 C. 否	39.84	45.31	13.28		
4. 我最怕在班上发言,全班同学都看着我,心都快跳出来了。（ ） A. 是 B. 不肯定 C. 否	23.44	27.34	46.88		
5. 即使有的同学对我有看法,我依然能同他(她)交往。（ ） A. 是 B. 不肯定 C. 否	52.34	35.8	10.94		
6. 老师在场的时候,我做事情总有些不自在。（ ） A. 是 B. 不肯定 C. 否	25.78	18.75	47.66		
7. 同别人争论时,我常常感到语塞,事后才想起该怎样反驳对方,可惜已经太迟了。（ ） A. 是 B. 不肯定 C. 否	27.34	26.56	43.75		

续表

题 目	A	B	C	D	E
8. 有时自己明明把课文背得滚瓜烂熟,可在课堂上背的时候,还是会出差错。（　　） A. 是　B. 不肯定　C. 否	39.84	28.13	32.03		
9. 在决定胜负成败的关键时刻,我虽然很紧张,但总能很快地使自己镇定下来。（　　） A. 是　B. 不肯定　C. 否	58.59	25.00	14.06		
10. 我不喜欢的东西,不管怎样学也学不会。（　　） A. 是　B. 不肯定　C. 否　D. 其他	14.06	27.34	50.78	6.25	
11. 在嘈杂混乱的环境里,我依然能集中精力学习,并且效率较高。（　　） A. 是　B. 不肯定　C. 否　D. 其他	24.22	46.09	24.22	0.78	
12. 我认为中学与小学有以下不同的地方(请按差异由大到小的顺序填写序号,最大的填"1",次之填"2",依此类推)。（　　） A. 教师的教育管理方法　B. 教师的教学方法　C. 自己的学习方法　D. 与同学的关系　E. 学习内容的增多	28.13	19.53	12.50	5.47	32.03

第二章 三个衔接的特点与典型问题

续表

题　　目	A	B	C	D	E
13. 我认为中学与小学的以下差异很难适应(请按难度由大到小的顺序填写序号,最大的填"1",次之填"2",依此类推)。（　　） A. 教师的教育管理方法　B. 教师的教学方法　C. 自己的学习方法　D. 与同学的关系　E. 学习内容的增多	20.31	22.72	16.41	5.47	34.16
14. 我认为中学与小学的不同之处,令我最难适应的原因是（　　）。 A. 老师的教育教学方法与小学不同　B. 学习紧张、学习方法、作息时间太长　C. 学习及生活自主内容增多　D. 对同学、老师感到陌生　E. 其他	21.88	31.25	17.19	7.03	23.44
15. 我希望老师在我出现不适应的时候对我采取以下的态度。（　　） A. 任其自然　B. 多与学生单独沟通　C. 关心、引导、帮助　D. 多鼓励　E. 其他	14.05	16.41	47.66	15.63	5.47
16. 有没有一门功课提高,一门反而下降的情况。（　　） A. 经常有　B. 有时有　C. 没有	14.06	50.78	31.25		

说明:此表调查了普通学校初一年级128名学生,其中有效答卷128份。

表2分析

从上表的数据中可以得出以下结论：

第一，表中1、2、3、4、5、6、7、8、11项调查显示：

①学生对新鲜的刺激感兴趣,学习仍以兴趣为主;

②多数学生能够很快适应新的或紧张的环境,但尚有四分之一的学生很难适应,四分之一的学生不能肯定；

③有高达39.84%的学生会因紧张而在当众回答问题时出错;

④25.78%的学生有老师在场的时候做事情不自在;

⑤初中生的适应能力与环境有密切关系,其中主要因素是老师和同学关系。

第二,表中9、10项调查显示：

初一学生的意志力和自我调节能力较高,自信度较高。

第三,表中13、14、15、17项调查显示：

①学习内容的增多是学生面临的最大困难;

②面临学习紧张、学习方法、作息时间太长、教师的教学方法的困难,处于第二位;

③学生最需要解决的问题,依次是,学习内容的增

第二章 三个衔接的特点与典型问题

多、小中教师的教育管理方法不同、小中教师的教学方法差异、自己的学习方法、与同学的关系。

第四,表中第16项调查显示:

初中生最希望教师能在自己对新生活出现不适应的时候,给予关注和帮助。值得注意的是学生要求的是一种循循善诱的方式。

表1与表2对比分析结果

第一,在学习上适应性更强、更自信,课堂上更加放松,学习控制力更强,即使是自己不喜欢的学科,也能努力学会。

第二,在比赛或考试时,紧张度的自我调适能力更强。

第三,在与老师、同学相处时更加放松、自然,但对同伴的宽容性降低。

第四,初中生最希望教师能在自己对新生活出现不适应的时候,给予关注和帮助。值得注意的是,学生要求的是一种循循善诱的方式。

第五,学生对新鲜的刺激感兴趣,学习仍以兴趣为主。

第六,有相当一部分学生不能很快适应初中的生活,其中主要原因,依次是:学习内容的增多、教师的教育管理方法、教师的教学方法、自己的学习方法、与同学的关系。

以上调查结果与国内外的研究结果是相一致的。

国内研究显示,小学、初中各学段,学生学习适应性的差异及其衔接教育状况整体水平较低,存在着较多的心理问题,在学习中往往表现出体力不支、头昏脑胀、注意力无法集中、独立性较弱等现象。白晋荣等调查了575名初一和高一的城乡学生,在491份有效问卷中,有127名属于学习适应不良学生,占受检学生的25.87%。有研究者对广州某中学初一至高三305名学生的调查发现,有21.6%的学生学习适应性仅处于中下或差等水平。也就是说,从目前来看,国内中学生学习适应性水平普遍不高,仍有相当比例的中学生处于学习适应不良,甚至适应困难的状态。①

2004年3月8日《中国教师报》刊发了《爱尔兰:小学初中教育衔接问题凸现》的编译文章,指出:爱尔兰的一个调查显示,刚进入初中的12岁学生会遇到的各种困难。这份由经济与社会研究所完成的报告较全面地

---

① 张利,郭成,魏玲,金春寒.大小中学各学段学生学习适应性的差异及其衔接教育[J].中国组织工程研究与临床康复,2007,(17):2.

第二章 三个衔接的特点与典型问题

反映了爱尔兰12岁儿童的受教育情况。调查发现,大多数学生在进入中学后的第一周内能静下心来,但四分之一的学生需要超过一个月的时间。少部分学生要在第一学年末才能适应。男孩比女孩适应得更快。对自己信心不足或对自己负面评价较多的学生在适应过程中要遇到更大的困难。

归结起来,小中教育衔接中存在着以下四大问题:

1. 教师方面的问题

爱尔兰的一项报告最令人震惊的发现之一是,接受调查的(初中)教师中有一半之多对小学课程的性质并不熟悉,并且认为,"小学课程给他们所教的科目打下了良好基础"的教师不足三分之一。从学生的角度看,相当一部分中学第一年的课程并非小学课程的自然延续,大部分学生还认为,教师的教学方法跟小学也有很大的不同。报告呼吁中学教师要对小学课程更加留意,同时呼吁小学教师了解中学的课程和教学方法。爱尔兰全国课程与评估委员会的主席卢尼认为,这件事具有很强的紧迫性。

在我国,9年的义务教育是由两种学校实施的:一是6年制的小学;一是3年制的初级中学。两种学校差异很大。换言之,义务教育不是一个连续的过程,两种学校在物质设施上各自独立,教师也是两套班子,他们接受的是不同的师范训练,教学水准和教学风格不同,在观念和意识上的差别也很大。中学教师与小学教师缺少沟通、缺乏理解,更谈不上在一起共同讨论和研究小中学教育衔接问题。

有些教师虽已意识到小中顺利过渡衔接对于学生的重要意义,但缺少切实可行的方法,徒然错过了对学生引导的最佳时机,造成遗憾。

2. 课程与教学方面的问题

爱尔兰的调查还显示,由于小学和中学的课程不连续,给进入中学一年级的学生造成了一定影响,很多学生感到,他们的小学教育没有为他们接受中学教育做好准备。

在我国,同样存在这样的问题,主要体现在:义务教育阶段的课程设置不连贯,小学和初中分别遵循了不同的课程设计原则。学生从小学向初中转换时,由于两段的师资、传统、课程设置属于不同的类型,不可避免会给学生造成转换上的困难,导致学生对课程和教学的不适应。值得注意的是,这种将义务教育一分为二的做法在我国并没有引起强烈的反对。尽管许多教育专家、学者正在寻找能够使学生从一个阶段顺利地转换到另一个阶段的有效方法,现今的趋势也是尽可能使两段联系得更紧密一些,使义务教育阶段课程具有连贯性的特点。

受其他发达国家教育结构改革的影响,一些教育工作者提出统一义务教育,加强义务教育段课程和教学的连贯性。他们建议设立九年一贯制的学校,称为"基础学校",统一课程设置,统一教学形式,以确保义务教育阶段教育的一致性。①

3. 学生方面的问题

小学六年级到初中一年级是小中教育过渡的结合部,有着承前启后的作用,衔接过渡的成功与否对教育质量影响很大,但这一结合部的衔接是基础教育中容易被忽视的一个薄弱环节。由于小学毕业生基础知识掌握程度不一,认知水平差异较大,从而加剧了小学生进入初中后学习、心理、生活等方面的不适应。

产生这种不适应的主要原因是:新生跨入初中大门,心理年龄仍处于半幼稚、半成熟、半独立、半依赖以及自觉性和幼稚性错综交织的状态。在他们的眼里,初中是一个全新的环境、陌生的世界:新学校、新老师、新

---

① 程楠.中小学衔接教育的实验探讨和研究[OL/EB].2006−11−20.http://www.ourfeeling.com/news.php?id=1446.

同学、新的教学任务和教学方法,功课增加了,内容多了,难度大了,要求高了,初中教师不再像小学教师那样,比较多地扶着走。这些不同既会使初一的新生感到新奇和刺激,同时也会使他们在学习和生活面前不同程度地感到无助和彷徨。加上对新的学习生活、学习任务、规范要求了解较少,使大部分初中生在心理、学习、交往等方面往往处于被动状态,不能很快适应,走了弯路,有的学生还会产生错觉,认为中学管得松了,就放松了对自己的要求,各方面出现了滑坡。①

初一阶段是人生少年期的开始,是人生心理发育阶段的断乳期。这期间,学生在心理上的表现特征是,半幼稚、半成熟、独立性和依赖性、冲动性和自觉性等交错发展,②出现严重的不稳定性,影响他对学校生活的准确判断。

4. 家长方面的问题

目前,社会上对教育有很多错误的理解,比如盲目

---

① 漳州市教师进修学校课题组(林坤华,蔡丽文,柯慧真,张小洪,陈海英,林瑜玉,简阿栏,李瑞碧,罗燕琼,李艳芬).关注小初衔接实现平稳过渡——关于小中学教育教学衔接的问卷与分析[J].中学教材教法.2006,(9):11—14.

② 程楠.中小学衔接教育的实验探讨和研究[DL/LB].2006—11—20. http://www.ourfeeling.com/news.php?id=1446.

攀比的社会心理直接造成对精英教育、等级教育的追求。一所重点学校收一个学生，在通过考试的情况下，还要收六七万的入学费。在这样的金钱压力下，孩子的正常发展被忽略，家长给孩子上各种补习班，于是各种"拔苗助长"的赚钱机构遍地开花。学校为满足家长的梦，不断地扩大学习范围、增加知识难度，学生不断被"填鸭"，肩负父母的重托而"刻苦学习"。这样的教育形式、社会氛围，无疑使教育背离了它本来的意义。因此，许多教育者和家长都忽略了学生正常发展中两个阶段衔接过渡的全面需求。

三、初高中衔接

（一）初高中衔接中生理、心理、社会文化的特点

1. 中学生身心发展的总特点

中学生的心理发展过程中，成熟冷静与幼稚浮躁，多愁善感与冷漠无情，活泼外向与孤僻内向，自我表现

与自我封闭,在他们身上既矛盾又统一着,他们心理发展的一般特征可概括为"四性"、"四高峰"。

"四性"即敏感性、社会性、动荡性、闭锁性。敏感性是指对人、对事具有较强的敏感性,思想活跃,易接受新事物、新信息。社会性是指对人生的意义、升学等社会问题越来越感兴趣,对很多事物都有自己独立的见解。动荡性是指情绪容易激动,对事物既积极热情又焦虑不安。闭锁性是指开始有自己的"小秘密",不再轻易地表露自己的内心世界,有些内敛。

"四高峰"即生理变化高峰、智力发展高峰、社会需求高峰、创造高峰。生理变化高峰是指学生生理发育迅速变化,性发育成熟。智力发展高峰是指此时孩子的智力发展、记忆力、判断力和动作反应力及速度都已达到人体的最高水平。有研究表明,如果以100作为智力发展的最高水平,初中到高中,记忆力从95逐渐达到100,判断力从80达到100,动作及反应速度从90达到100。社会需求高峰是指孩子对爱情的向往等精神方面的需求以及衣、食、住、行等物质方面的需求都有所上升。创造高峰是指这个阶段是孩子一生中最具有活力和创造性的时期。

高中阶段的孩子自尊心特别强烈,最怕别人看不起自己,他们力图在各个领域有较出色的表现,争取在集体中赢得适当的地位,得到好评和重视。他们会有较强的自信心和渴求独立的愿望,其独立思考能力大大提高,不轻易相信别人的意见,常持分析和批判态度,很反感家长把他们看成小孩子,甚至会产生逆反心理。

2. 学生面临的心理问题与总体状况

(1)环境改变时的心理特点

进入高中,跨入新的校园,在感到新鲜好奇的同时,学生会产生紧张、不安的心理。面对新集体、新老师、新同学,他们需要重新确立"新的群体",重新构建自己新的人际关系系统。而中学生在认知、情感和个性等方面尚不成熟,他们缺乏与人交往的经验,缺乏足够的交际技巧,常常导致一方面渴望与人交往的开放性与另一方面自身内心的封闭性的矛盾,产生焦虑、烦躁不安、苦闷、孤独的心理,于是怀念母校、思念亲人,更使他们心情忧郁、精神不振。

现在的中学生,绝大部分是独生子女,缺乏独立生活的经验和自理能力,平时父母的过分呵护、照顾,形成了他们极强的依赖性。进入高中,生活方式由依赖型的家庭生活突然转变成独立型的集体生活,面对高中全新的生活方式,他们往往感到孤立无助,吃、穿、住、行等一些平时并不是很在意的生活小事,常常弄得他们不知所措、抑郁不安,影响正常的学习生活。

(2)学习要求提高时的心理问题

进入高中,学习的内容、形式、方法,都发生了很大的变化。

首先,与初中课程相比,高中的学习具有以下几个特点:①理论性增强。初中不少知识仅要求作初步了解,只进行静态性研究,强调直观形象,而高中则要作本质、动态、定量的研究,抽象性和概括性增强。②知识量增大。各学科不仅难度增大,知识内容的"量"、单位时间内接受的信息量也急剧增加。③综合性增加。高中学习中,要解决任何一门学科的问题,都不是单纯地直接运用一种知识或一种技能所能完成的,它需要运用多种知识,在阅读、写作(表达)、思维、计算和实验等方面的能力都比初中的要求要高。④系统性增强。高中课程要求以某些基础理论为纲,把基本概念、基本原理、基本方法连结起来,构成一个比较完整的知识体系。

其次,学习的形式也由教师的教"会"变为教"学",学生的学会变为会学。学生的角色由被动转为主动,更强调课前的预习,课内的思考,课后的复习、巩固。

但刚刚升入高中的新生往往并没有意识到这些变

第二章 三个衔接的特点与典型问题

化,仍沿用学习初中课程的方法来学习高中课程,因而常常感到摸不着门道,学习上显得很被动,因而担忧、恐慌、焦虑。有的同学甚至盲目采取疲劳战术,延长学习时间,增加学习强度,可成绩往往不尽如人意,于是自信心大大受挫,更感到迷茫、困惑,进而怀疑自己的能力水平,产生强烈的自卑感。有的同学由于身心过度疲劳、焦虑,大脑得不到适当的休息调节,甚至会出现头晕、耳鸣、记忆减退、失眠等神经衰弱症状。由于高一的基础没有打牢,又直接影响到高中今后两年的学习,造成恶性循环。

这一现象在升入重点高中的新生身上显得更为突出,这与他们太过于顺利的成长经历有很大关系。能进入重点高中的学生,成绩一向都很优异,是同学们羡慕的对象、父母的骄傲,他们备受老师的关注、宠爱,由于受到的挫折少,抗挫能力比一般人更弱。进入高中特别是重点高中后,不论是家长还是老师,对他们的未来更是充满了美好的期望,这种期望本身就给他们造成了很重的心理压力,再加上重点高中"高手云集,强手如林",学习上的竞争异常激烈。"希望越大,失望也越大",面对这种过高期望与自身学习现状形成的反差,他们内心受到的冲击、精神受到的打击、心理所承受的压力都比一般人更重。

(3)青春期发育时的心理问题

首先,身体上的急剧变化,使他们非常敏感、不安、疑虑,他们更加关注自己的外貌形象。由于对"自我形象"期望值过高,一些身体外貌特征,如个子的高矮、体态的胖瘦、生理的缺陷甚至是皮肤的黑白、脸上的"青春痘"等都会引起他们的烦恼,常常会为自认为的一些缺陷感到恐惧、羞怯、自卑。

其次,神经系统的发育,使大脑的结构和机能大体上已经完备,但神经系统活动的兴奋过程还是超过抑制过程,再加上由于身体高速发展造成的各器官系统间的不协调、不均衡,致使他们情绪显得十分不稳定,常从一个极端走向另一个极端,刚刚还是情绪高涨,可转眼就心灰意冷;一会儿还是十分的自信,可转眼就变得极度的自卑。

再次,中学生正处于性生理发育成熟、性心理逐渐趋于成熟的时期。进入高中阶段,性心理发展已经由异性疏远期进入异性接近期。他们对异性生理变化感到好奇,对自己性意识的出现感到不安。他们渴望与异性交往,都想努力克服交往中的不安和羞涩,进一步试探着主动接近对方。但男女间的相互吸引与好感,多数还属于异性间朦胧感情的自然表露,他们对于两性关系仍处于一种似懂非懂的状态,还分不清好感与初恋的区别。因此常常造成心理上的困惑与苦恼,此时他们的感情强烈而易失控,接触广泛而不专一。这种性生理成熟与性心理尚未完全成熟的矛盾,以及性的生理需求与性的社会规范之间的冲突,构成了中学生心理卫生的一系列问题。这些问题处理不好常常导致"早恋"的发生,也极易诱发各种心理疾病或产生心理障碍,直接影响他们的身心发育和学业的发展。

3. 新课改背景下初高衔接期学生的状况

(1)知识面宽而缺乏系统性

义务教育阶段的课程改革实施后,对知识的要求发生了变化。同时,由于中考招生方案的调整和倾斜,学生对音、体、美等课程比以往重视,部分学生的艺术天赋和才华得以挖掘和展示。但由于强调了知识的广度而淡化了深度,学生对某些学科知识的学习是通过多方位、多层次、多途径获得的,他们对这些知识的把握是零碎的,学科知识体系也是模糊的。

(2)思维形象而缺乏逻辑性

初中新课程教学内容的编排已经充分考虑到学生的认知水平和认知规律,以大量直观的素材,或反复实验得来的经验,通过归纳、总结而形成了描述性的概念,弱化了过于形式化和抽象化的概念表述。因此学生的抽象思维和逻辑思维能力弱于形象思维能力,尤其是数理学科,与以前的学生相比,存在着一定的弱势,学生表现出文科优于理科。

(3)自信心足而缺乏耐挫力

新课改首次提出了对学生情感、态度、价值观方面的要求。不少同学人际交往能力、组织活动能力有所增强,他们有较强的表现欲,喜欢参与活动、展示自己,希望轻松愉快;他们渴求民主,渴望成功,乐于助人,关心同学;他们对活动的结果非常关注,但对可能遇到的困难和挫折常常估计不足,容易大喜大悲,情绪波动大。

(4)好奇心强而缺乏主动性

在新课改理念的指导下,学生的学习方式有了一定的改变,探究、合作、交流、实践的能力得到加强。有部分学生也想对自己感兴趣的问题进行深究,但由于中考的制约,绝大多数人只是在老师的指导和要求下,为应付考试而做一些机械练习。尽管很多学生在初中的学习热情很高,但其内驱力只是升学,只是迫于家长的压力,而不是自觉行为。

4. 学生心理特点的成因

(1)社会转型期的价值趋向多元化使青少年心理呈现多样性

当前,我国社会正在经历着巨大变革,社会价值的改变、商业文化的冲击使一部分学生无所适从,甚至在慌乱中盲目跟从。就拿社会传媒来说,一方面,社会传媒为学生的发展提供了很多信息,使他们能够从多角度观察和认识生活;另一方面,社会传媒强大的渗透力,使学校的"围墙"无形坍塌,对学生的消极影响也引起了人们越来越多的担忧。特别是在市场经济条件下,利益主体的多元化,导致人们价值观念的多元化。高一学生的道德观念正在形成初期,因而价值多元性导致他们的心理表现呈现出多样性特征。

(2)升学重压之下的青少年心理品质发展呈现不稳定性

进入新世纪,教育改革力度不断加大,教育管理体制和课程设置日趋合理,但德育工作者不得不面对这样一种局面,即社会就业的竞争前置转化为升学压力,家长把所有的希望寄托在子女升学上,而对学生的评价一切围绕成绩转,使学生不堪重负。个别学生心理畸形发展,遭遇挫折便一蹶不振,更有甚者会走上违法犯罪的道路,心理品质呈现出极大的不稳定性。

(3)评价机制的"一刀切"使学生心理发展受到严重的影响

由于对好学生的标准定为"学习好",评价机制太狭窄,因而使学生的个性发展受到严重压抑。现代社会科技发展一日千里,社会变化丰富多彩,孩子们喜欢上网、绘画、足球、文学等本来无可厚非,但为了片面追求升学率,只要求学生学习好,忽视对学生的全面培养,甚至把学生美好的愿望扼杀在摇篮中,这样就严重压抑了学生的个性发展,甚至导致学生心理畸形发展。

(二)当前初高中衔接的典型问题与分析

1. 学生心理问题与探析

(1)失落感:光环淡却是失落

从小学、初中一路杀过来,谁没担任过"一官半职"?想想自己在初中时是多么风光,何等"有作为":一班之长,差不多每天都要站起来向全班发号施令。然而,上了高中,我什么都不是,居然连小组长也没捞到一个……不知不觉中,一切都由"主动"变为"被动",学习成绩也一落千丈,以前高高翘起的尾巴,从此垂落下来了。

第二章 三个衔接的特点与典型问题

——摘自学生作文《高一回眸》

一位细心的班主任曾做过统计：某班 60 名学生中，初中时曾担任过班委、课代表职务的就有 54 人。可以说，他们初中时都是老师的宠儿、同学的榜样。升入高中，以前遥遥领先的成绩优势已不复存在，自然也就没有了初中时那种众星捧月般的美好感觉。这"落差"的确太大了！

大部分学生都能以一颗平常心找准自己的位置，而有一小部分学生却很难摆正心态，自怨自艾，自卑自怜，郁郁寡欢。

造成学生心理承受能力较差的原因是多方面的。现在的学生大部分是独生子女，几辈人的娇惯，使其在成长过程中渐渐形成了以自我为中心的思维定势，稍有不如意，便小题大做。这类事件频频见诸报端，已成为备受社会各界关注的焦点。考入高中，特别是重点高中的学生，学业的优秀往往掩盖了其行为和心理上的"营养不良"，使他们成为心理品质上的"低能儿"：自私、狭隘、偏激、任性、极端敏感、意志脆弱、自我中心等等。当学业的光环慢慢淡却，他们身上各方面的缺点也渐渐暴露出来，而他们却毫无心理准备，于是感觉如末日来临，甚至自虐或他虐。所以,正视挫折,增强"免疫力",不仅有助于他们的高中学习,而且将使他们受益终生。

(2)孤立感:学会做人天地宽

刚开学,我就带着一脸忧虑来到学校。我很少开口,总是要别人问我或提到我知道的话题时,才说几句。有时说到一半便没人听了,不知是继续说好还是停下来,真是尴尬。老师要我们毛遂自荐竞选班干部,参加社团组织和学科竞赛小组。我报了数学、英语课代表,英语协会、数学竞赛小组。因为英语、数学成绩不太好,便泡汤了,只剩了一个棋牌协会。后来,因为棋赛时与人大闹了一场,棋牌协会也没去了……看看现在的我,全身酸软无力,若不是凭一只手垫着下巴,只怕连头也抬不起来了。

——摘自心理咨询室案例

从生理角度而言,人都有交流、宣泄、归属的需要。根据我们的调查,相当一部分学生处在"想与人交往,却怕与人交往,也不善于交往;渴望友情,却不知道如何与同学、朋友友好相处;渴求理解,却不懂得去理解他人"的尴尬境地。"交往的剥夺"与"情感的剥夺"一样,都是一种极其严重的心理伤害。学会做人是立足社会之本,人际关系的适应,也是一个不容忽视的问题。大多数学生会随时间的推移而逐渐融入到群体之中,但其中也有少数性格内向、具有一定社交障碍的学生,因种种原因使其"闭锁心理"不断增强,形成一种心理缺陷,严重影响其正常的学习和生活。

"外面的世界很精彩"。然而,对于这些学生来说,走出社交障碍的阴影,融入广阔的天地,也并非易事。首先,他们必须具备足够的勇气与自信,经常正向自我暗示,激励自己勇敢地迈出第一步,并坦然接受可能遭遇的挫折;其次,他们要学习交往的艺术:正视自己、宽容他人、真诚主动、不拘小节、学会倾听、学会微笑、学会欣赏(别人);第三,他们要认真学习社交知识,坚持进行"5分钟演讲训练""角色扮演训练""自我想象暗示训练"等活动,提高社交实践技能。

(3)失重感:学会学习是根本

永远也忘不了初三,那是我读书以来最光辉的时候。那时大大小小的考试,三分之二的冠军都由本人包揽,其余的基本上也为本人以亚军之势占领。所以,自然成长在老师的夸奖中,同学的羡慕里,父母的表扬中。而上高中后,却发现"高处不胜寒"!高中的第一次数学测验成绩,是我读书以来所经历的最低记录——29分!而在以前,低于92分的时候都是屈指可数的啊!我永远也不会忘记这个曾使人伤透心、流过泪的分数。我患上了"感冒":懊丧、失落、厌烦、迷茫,找不到自己。我的成绩更是一落千丈,雪上加霜。

——摘自心理咨询记录

对于高一新生来说,造成成绩普遍滑坡的主要因素有以下两个方面:

一是学习方法不当,突出表现在记忆的机械性、分析问题的单一性和片面性等方面。初中生由于其生理、心理特点,侧重于形象思维;而高中阶段的学习更注重于抽象和理性思维方式,要求学生具有更强的分析、概括、综合的能力。所以,改变学习方式,从机械性记忆向理解性记忆过渡,从分析问题的单一性和片面性向全面性、发散性发展,是高一新生的当务之急。

二是学习的自主性问题,突出表现在被动学习、无所事事。21世纪是知识经济时代、信息时代,终身学习的思想已深入人心。掌握科学的学习方法,愉快地学习,使学习成为一种追求、一种享受,而不仅仅是谋生的手段,已成为新世纪的学习理念。所以,高中阶段必须十分注重自学能力的培养,以适应大学学习及终身学习的需要。因而,学生一入高中校门,教师就应绝情地给新生"断乳",给他们以自主选择的空间,帮助他们从被动走向主动,自主学习、自主探究,摸索出一套适合自己的学习模式。

(4) 网吧秀:是馅饼又是陷阱

周末在学校真的很无聊,便随其他同学一起去网吧玩游戏。无聊的周末,便在玩电脑游戏的快乐中度过了。直到后来的几次测验考得很差,才下决心不再去了。但决心只不过是心里想想而已,在思想斗争最关键的时候,还是被"再玩一两次对学习影响不会很大"的想法击得粉碎。成绩又往下掉,一股怨气没处发泄,便又去网吧寻找快乐了。我发觉我变了,变得连自己也不认识了。以前从不与"三室一厅"沾边的我,竟然对电脑游戏像发了疯一样着迷,整个人沉浸其中,不能自拔。每次去网吧,包括车费、零食等,都要花三四十块钱,每月要一百多块。刚开始时还能向"面朝黄土背朝天"的父母以各种各样的理由要一点,但后来我自己都不好意思了。实在没办法,就找准机会向同寝室或同班同学"下手",最终还是被保卫科逮住了,差点被开除。我真的很后悔,不能原谅自己,可是后悔又有什么用呢?

——摘自心理咨询室记录

网吧问题的泛滥,至少带来了以下几个方面的"后遗症"。

一是使一些同学沉溺其中,荒废学业。

二是使一些学生的心理饱受困扰,影响其健康成长。一旦涉猎网吧,便被紧紧攥住,欲罢不能。

三是网吧中的暴力和色情内容有着明显的负面诱导。有人甚至将"网吧问题"与毒品相提并论。

但我们又不能因噎废食,逆转科技发展的走向。而且,过于偏激、极端强制的举措又将造成师生之间的严重对立,不利于教育教学的开展。现在,很多学校已经在寻找积极而有效的对策,如在校内开设经过"过滤"的网吧,以满足学生对现代科技"亲密接触"的需求。对学生而言,关键是必须认识到"网吧猛于虎"的道理,加强自律,增强免疫力,并通过积极参加学校的各项文体活动转移注意力,逐渐"退烧",文明上网,科学上网。

2. 教学过程中出现的问题

(1)由于初中新旧教材知识体系的变化而面临的衔接问题

这一问题突出表现在数学、物理、化学三个学科上。首先,初中教材内容通俗具体,尤其是理科,多为常量问题,题型少而简单,而高中教材内容抽象,不仅要会计算,还要注重理论分析,这与初中相比增加了难度。其次,由于近几年教材内容的调整,虽然初高中教材都降低了难度,但相比之下,初中降低的幅度更大,而高中由于受高考的限制,教师都不敢降低难度,造成了高中教学实际难度没有降低。从一定意义上讲,调整后的初高中教材内容的难度差距不仅没有缩小,反而加大了,这就给高中阶段的教学增加了一定的难度。另外,部分地区初高中使用的教材体系不很配套,高中老师还要补讲一些被初中课程遗忘的知识。

(2)由于毕业、升学考试形式的差异而面临的衔接问题

这一问题主要表现在历史、地理、生物等非中考学科上。从高中教学上看,地理学科的问题尤为严重,存在着两大方面的衔接明显欠缺问题。一是学生知识衔接上的断层问题。初中地理在初一和初二年级开设,在

初三有一年断层期。进入高中,学生早已遗忘大多数知识,并难以在短期内修复断层;二是教材知识体系问题。初中新课标和原教学大纲差别较大,原教材中重要知识点以文字的形成加以表达,而新教材则以活动来体现。

(3)由于教学方法上的差异而面临的衔接问题

教学方法上的差异是决定学生由一个学习环境到另一个学习环境适应与否的重要因素之一。由于初高中教师的教学风格存在一定的差异,部分学生会产生不适应感,从而影响学习。这主要表现在如下方面:

相当一部分的高中教师由于没有教过初中课,甚至没有听过初中课,所以对初中教材内容、教学方法知之甚少。教师的教学具有一定的主观性,这就使相当一部分高一学生在知识难度较大的压力下和教师教学风格的差异下产生不适应感。

初中各学科教学内容相对较少,知识难度不大,教学要求较低,因而教学进度较慢,对于某些重点、难点,教师可以有比较充裕的时间反复讲解、多次演练,从而各个击破。另外,部分教师填鸭式的教学模式不同程度地束缚了学生思维的发展,影响了学生发现意识的形成,创新思维受到了扼制。进入高中以后,教材内涵丰富,教学要求高,教学进度快,知识信息广泛,题目难度加深，知识的重点和难点也不可能像初中那样通过反复强调来排难释疑。且高中教学往往通过设导、设问、设陷、设变，启发引导，开拓思路，然后由学生自己去思考、去解答，比较注意知识的发生过程，侧重对学生思想方法的渗透和思维品质的培养。这就使得刚进入高中的学生不容易适应这种教学方法，听课时存在思维障碍，不容易跟上教师的思路，从而产生学习障碍。

　　课改的深入实施而形成的初高中教育教学观念上的差异，也影响着学生对高中知识的接受。初中课程改革以后，许多教师的教学方式发生了很大变化：在平等对话和交流互动中，更加重视知识与能力，过程与方法，情感、态度和价值观的达成。同时，学生的学习方法，也在以自主、合作、探究为主的学习方法的具体实施中有了明显的改进。和初中相比，高中教学方式还相对滞后，教学方式改革发展不均衡，教师一言堂、陈旧单一的教法，会使学生由初中很活泼的课堂教学环境走进高中相对死板的教学环境，从而产生很大的不适应感。

　　(4)由于学习方法与思维方式上的差异而面临的衔接问题

　　初中老师讲得细，类型归纳得全，练得熟，考试时，学生只要记准概念、公式及教师所讲例题类型，一般均可对号入座取得好成绩。大部分学生的学习,习惯于围着教师"转",尚未完全养成独立思考和对规律进行归纳总结等学习习惯。到了高中,由于内容多时间紧,教师不可能把各种题型讲全,这就要求学生勤于思考,善于归纳总结规律,做到举一反三、触类旁通。然而,高一新生大都喜欢继续沿用初中学法,致使学习困难较多,整天疲于应付,学习出现障碍,完成当天作业都颇有困难,更没有预习、复习、总结等自我消化、自我调整的时间,这对于良好学法的形成和学习质量的提高都极为不利。

(5)由于学习环境与身心发展的跨度而面临的衔接问题

对高一新生来讲,环境可以说是全新的,学生有一个由陌生到熟悉的适应过程。另外,经过紧张的中考复习,考取了自己理想的高中,不少学生产生了"松口气"的想法,入学后无紧迫感。也有些学生有畏惧心理,过分的焦虑使他们从高中一开始就处于焦虑状态。按照我国现行学制,高一学生的年龄为16岁左右,正值青年初期,也是青春"危险期",他们不少人被成长的烦恼所困扰,这些因素都严重影响了高一新生的学习质量。

(6)由于教学要求与教学方式的跨度而面临的衔接问题

初中的教学内容少,课时较充足,加上不少地区的中考是毕业、升学"二合一",试卷较为简单,对教学要求是当场达成、当场消化,课容量小、进度慢,对重难点内容均有充足时间反复强调,对各类习题的解法,大都是教师先举例示范,学生再依样画葫芦,进行操作训练和巩固。而高考是选拔性考试,要求明显提高。新课改以后,各门学科都开齐开足,使本来就不宽裕的课时更加紧张。尽管新教学要求降低了,但老师不讲不放心,想讲又没时间,只能增大课堂容量,加快教学进度,这使得高一新生更不能很快适应高中的学习生活。

第三章
对教师、家长、学生的建议

一、幼小衔接

(一)对幼儿园大班老师的建议

  1990年召开的世界儿童问题首脑会议通过了《儿童生存、保护和发展世界宣言》，该宣言指出：世界上的儿童是纯洁、脆弱、需要依靠的。他们还充满好奇、充满生气、充满希望。儿童时代应该是欢乐、和平、游戏、学习

第三章　对教师、家长、学生的建议

和生长的时代。他们的未来应该在和谐和合作之中形成。他们应该在开阔视野、增长经验的过程中长大成人。

幼儿园是孩子从家庭进入社会的第一道桥梁,幼儿教师作为孩子生命中第一任真正的教师,有一项最为崇高的使命,即让每个儿童享有更美好的未来。

下面从幼小衔接的角度,向幼儿教师提出几点建议。

1. 进行正面引导,让幼儿学会分享

调查表明,我国的学龄前儿童是比较缺乏分享行为的。从幼儿的长远发展来看,一个能在物质上和精神上同别人分享自己东西的人,才是心理健康、人格健全、为社会所需要的人。作为幼儿教师,应利用幼儿园的集体来帮助幼儿学会"与人分享",消退自我中心倾向,促进幼儿社会性发展。

(1)把分享融入幼儿生活之中

如在分发物品时,老师要有意识地将这些物品以分享的形式进行分发;当自己有了快乐体验时,要以分享的形式讲给幼儿听;当看到幼儿正在玩玩具时,老师可以有意识地走过去对幼儿说:"我可以和你一起玩吗?"或者说:"你可不可以把玩具分给我一些?"待幼儿体验到分享带来的乐趣后,幼儿便会自觉产生分享的动机,模仿老师发出类似的行为。①

(2)运用正面强化教幼儿学会分享

老师可以用适当的语言肯定幼儿的分享行为,强化幼儿的愉快体验,从而激发幼儿再次尝试分享的愿望;运用自己的动作、表情、眼神、姿态等变化来表达对幼儿分享行为的肯定。如发现幼儿有分享行为时,老师可采取向幼儿点头、微笑、竖起大拇指或用手轻轻抚拍其肩、头等方式使幼儿因得到老师的肯定而得到快乐和满足,从而在今后更愿意发生类似的行为。②

(3)创造分享机会使幼儿体验分享的快乐

设立"分享日",比如,"玩具分享日"是让幼儿在这一天将自己喜爱的玩具、宠物带来与别人分享。再如,"经验分享日"是幼儿在这一天,将自己的成功经验和近期完成的作品向他人展示,幼儿在展示和讲述的过程中,既能产生一种成就感,又会产生一种因分享带来的快乐和满足感,还可锻炼他们的口语表达能力。创设"宠物分享角",就是在教室中开辟出一个小小的角落来

---

①② 陈丽君.培养幼儿的分享行为[J].学前教育研究,2001,(2):60—61.

摆放幼儿从家中带来的宠物玩具。在自选游戏时,幼儿可以随时到这个角区来与小伙伴共同分享自己或他人带来的分享物。①

(4)建立规则使分享行为更加规范、有序

一是平等分享。要做到这一点不太容易,如常听到"×××是我的好朋友,我要把带来的汽车给他玩"、"你不是我的好朋友我不给你玩"之类的话。出现这样的问题老师可让幼儿通过情感的换位(想自己没有玩具时的体验)来体会别人的心理,使其学会站在他人的角度来思考问题,从而建立起平等分享的原则。

二是共同分享。是指在相同的时间内,两个或两个以上的个体自愿结合在一起,通过相互间的配合和协调(包括言语和行为)融洽地进行分享(玩具、事物或其他),最终使彼此的情感都获得满足。共同分享为幼儿今后更好地与他人合作奠定了基础。

三是轮流分享。是指在不同的时间内,大家将分享物轮换使用。轮流分享制度可以使幼儿在玩具数量少的情况下通过等待轮换而顺利实现分享,同时为幼儿将

---

① 陈丽君.培养幼儿的分享行为[J].学前教育研究,2001,(2):60—61.

来成为守秩序的公民打下基础。

四是先宾后主的分享。是指幼儿将自己带来的玩具先让别人玩。当然这种制度开始实施时会使幼儿觉得委屈,为什么自己家里的玩具要先让别人玩呢?这时老师可以采取换位的方法引导幼儿去思考:"你是否也希望别人先将玩具给你呢?"这样幼儿就容易调整自己的行为,做到与别人分享自己的玩具。先宾后主的分享制度可培养幼儿在现实生活中更好地学会忍耐的美德。意大利著名教育家蒙台梭利博士曾指出,我们无法将"忍耐"的美德教给三岁的幼儿,但是靠幼儿本身在现实环境中体会却是可能的。①

2. 培养动手能力,让幼儿手巧心更灵

苏联教育家苏霍姆林斯基说:"在儿童的大脑里有一些特殊的、最积极的、最富有创造性的区域,依靠把抽象思维跟双手精细的、灵活的动作结合起来,就能激发这些区域积极活跃起来。"可以说,训练了手就是训练了大脑,孩子的手部动作越复杂、越精巧、越熟练、越灵活,就越能促进脑神经的发展,他的创造力就越强。心理学

---

① 陈丽君.培养幼儿的分享行为[J].学前教育研究,2001,(2):60—61.

第三章　对教师、家长、学生的建议

研究表明,幼儿动作的发展是心理发展的源泉,而手的动作的发展,在其心理发展中又有特别重大的意义。①所以在幼儿期培养孩子的动手能力,提高孩子的小肌肉动作(小肌肉动作也叫精细动作,是由小肌肉群组成的随意动作,主要的小肌肉动作就是手的活动,它包括手眼协调、指尖动作、手指屈伸等局部运动)是极其重要的。因此,教师从幼儿进入小班开始就要采取多种方法促进幼儿精细动作的发展。

进入小班,幼儿的学习意识逐渐增强,开始学习和掌握一些小肌肉动作技能,也很愿意自己尝试做一些事情。但在实际教育中,特别是在家庭教育中却普遍存在着一些误区,往往注重对孩子的识字、语言等智力活动的培养,忽视对孩子动手能力的培养,导致孩子动手能力较差,在活动中胆小,缺乏自信。《幼儿园教育纲要》指出,要充分尊重幼儿生长发育的规律,提高动作的协调性、灵活性;要树立正确的健康观念,尊重和满足他们不断增长的独立要求,鼓励并指导幼儿自理自立的尝试。为此,幼儿教师要在实践中发展幼儿的精细动作,

---

① 冯旋骏.多途径促进小班幼儿精细动作的发展[OL/EB].2008—07—23.http://www.61800.org/zt/Z12/200807/24375.html.

从而有效发展幼儿手的动作的协调性和灵活性,从而促进幼儿全面发展。①

循序渐进地安排丰富的手指游戏活动。如穿木珠、夹弹珠、穿线板、握笔画画、捏泥、插塑、嵌入式拼图、剪纸、折纸等多种活动。各种游戏活动作为幼儿运动的平台,能够唤起幼儿活动手的兴趣,促进幼儿精细动作的发展,使幼儿的小肌肉群动作逐渐发达,从而锻炼幼儿手眼的协调性、手的触感和动作的准确性。这不仅能为他们今后的自理生活和使用工具打下基础,而且可以发展他们的美感、想象力和创新力。

在丰富的生活活动中提高幼儿的动手能力。幼儿的每日生活,离不开基本的自理能力,要让幼儿真正掌握自理方法,教师要把生活教育趣味化。小班孩子刚建构的良好自理行为极不稳定、易反复,所以需要教师随机趣味化督促。在日常生活中,不管幼儿在来园、盥洗、午餐,还是在室内、室外,不管在感知阶段,还是在实践操作阶段,教师都要善于灵活运用趣味化的生活教育,

---

① 冯旋骏.多途径促进小班幼儿精细动作的发展[OL/EB].2008-07-23.http://www.61800.org/zt/Z12/200807/24375.html.

使幼儿不正确的做法得以纠正。① 这样,幼儿的生活自理能力如正确洗手、独立进餐、穿脱衣服等都可以得到提高,精细动作也能得到进一步发展。

当孩子们的小手真正动起来以后,幼儿的小肌肉动作能力会明显提高,动作协调性、灵活性会明显增强,生活自理能力会飞速发展。与此同时,幼儿在各种活动中所表现出的积极、主动、勇于参与的精神状态,也能有效地发展他们的观察力、感知力、注意力,同时增强自信心,培养孩子健康、活泼的个性,对以后上小学乃至整个人生都是宝贵的财富。

3. 培养良好习惯,让幼儿学会倾听

幼儿倾听能力包括:专注性倾听,集中注意的倾听(包括注意力集中,不做小动作,思维能跟着老师走等);辨析性倾听,分辨不同内容(如不同乐器发出的声音,不同年龄、性别的人的声音等)的倾听;理解性倾听,掌握主要内容、连接上下文意思的倾听(包括回答问题情况和执行指令情况等)。②

---

① 冯旋骏. 多途径促进小班幼儿精细动作的发展[OL/EB]. 2008-07-23. http://www.61800.org/zt/Z12/200807/24375.html.
② 幼儿倾听能力的培养[OL/EB]. 2007-10-02. http://baobao.sohu.com/20071002/n252129459_1.shtml.

倾听是幼儿最早掌握的言语活动。然而,在现实生活中,幼儿的倾听能力则较弱,究其原因,主要是以下两个方面:

第一,成人不重视倾听能力的培养。许多成人认为听力是与生俱来的,没有必要培养,遇到孩子插嘴或不专心倾听则训斥、责备孩子,因而使孩子失去倾听的欲望和兴趣,变得不爱倾听或不会倾听。还有一种极端的表现就是成人以孩子为中心,认为插话等是孩子自信、能干的表现,往往过分顺着孩子的意思,以致使孩子愈加不会倾听。

第二,幼儿身心发展特点的局限。幼儿受年龄特点的局限,注意力容易分散,自制力比较弱,缺乏倾听别人说话的耐心,在听的过程中难免会做小动作、东张西望等。特别是有些幼儿聪明活泼,表现欲特别强烈,在集体活动中常急于表达自己的想法而打断其他幼儿的发言。所以,幼儿有时候根本没听清楚或听得不完整。[①]

让幼儿学会倾听,要培养幼儿倾听的兴趣,创设倾听的环境。教师可以利用大自然的优势,带幼儿去大自

---

① 幼儿倾听能力的培养[OL/EB]. 2007-10-02. http://baobao.sohu.com/20071002/n252129459_1.shtml.

然聆听各种美妙的声音：淅沥淅沥的小雨声、淙淙的流水声、脚踩落叶的沙沙声等。所有这些，都让幼儿心旷神怡，因而萌发倾听的欲望和兴趣。也可以通过游戏、故事等培养幼儿的倾听兴趣。

让幼儿学会倾听，要培养幼儿倾听的良好习惯并反复练习。要让幼儿懂得并做到：别人对自己说话时，能集中注意地听，看着对方的眼睛，注意口型、表情和姿势，要作出相应的反应；别人在说话时，要保持安静，有礼貌地倾听；能辨别不同的音素、声调、语调；能听懂并执行别人对自己提出的指令、要求；能听懂普通话，能辨别普通话与母语的不同发音、不同表达方式等。教师可以采取讲故事、做游戏等丰富多彩的形式引导幼儿学会控制自己的行为，学会倾听他人。

让幼儿学会倾听，教师要言传身教、以身作则。教师的一言一行、一举一动都会对孩子产生深刻的影响。因此，教师应该注意自己的言行，在幼儿倾诉或告状时，认真倾听，耐心引导他们解决问题；在向幼儿提问时，耐心等待和聆听幼儿的回答。不论孩子的话题多么简单，都应以目光、手势、语言来传递听到的感受，让孩子觉得老师在认真听,在关注他。①

4. 让幼儿养成"内在纪律",获得更多自由

自由和纪律在一定程度上是相互统一的。一方面,纪律通过自由而获得;另一方面,良好的纪律会带来更多的自由。孩子们通过练习,"在学会各种动作的过程中获得了秩序感,并形成了纪律。孩子们以这样的方式受到训练,已不再是当初的自己了,他们不但已经知道怎样去做才是正确的,而且他们已是经过自我完善的个体,克服了通常的年龄局限,向前迈进了一大步,现在就已征服了自己的未来。"②因此,内在纪律才是纪律教育的关键所在。

蒙台梭利认为:"内在纪律是将要产生,而不是已经存在的东西。我们的任务就是探明纪律的道路。当儿童将其注意力集中于他感兴趣的、不仅为他提供有益的练习而且提供对错误的控制的某种物体时,纪律也就产生了。"在她看来,"只有当一个人具有充分的自由和自主活动的权利,他才能建立真正的纪律,而非强迫手段

---

① 幼儿倾听能力的培养[OL/EB]. 2007-10-02. http://baobao.sohu.com/20071002/n252129459_1.shtml.

② 任慧娟. 蒙台梭利纪律教育思想对幼儿园常规教育的启示[J]. 教育导刊(幼儿教育),2006,(2):15-17.

培养的外表纪律"。

真正的纪律,不是靠训斥、棍棒、惩罚训练出来的,而是幼儿由于活动需要,建立在积极、主动、理解的基础之上的。这样,儿童就能在活动中理解纪律,进而接受并逐步内化为集体规则,养成"内在纪律"。可见,这种"内在纪律"一方面能够解放幼儿内部潜在的力量,与此同时,还能够将这种力量向着正确的方向加以引导。①

按照蒙台梭利的思想,游戏恰恰为教师培养幼儿的"内在纪律"提供了很好的契机,因为在游戏中,幼儿是发自内心地遵从规则,游戏规则在他们看来是神圣、不可违背的。所以,教师可以在游戏开始之前,提出适宜的要求,也可以在游戏进行时强调具体的游戏规则,如游戏人数、游戏时间、游戏要求等。在游戏结束后,要及时对幼儿游戏规则的执行情况作出评价。可以说,这种方法能利用幼儿对游戏的喜爱,将规则潜移默化地融入游戏中,一方面,可以让幼儿在游戏中理解纪律,强化他们对规则的认识,使他们逐步在游戏中树立规则意识;另一方面,也可以为教师将这些规则迁移到平时的各项

---

① 任慧娟. 蒙台梭利纪律教育思想对幼儿园常规教育的启示[J]. 教育导刊(幼儿教育),2006,(2):15—17.

活动中奠定基础。①

5. 密切家园联系,但不向家长告状

教师在幼儿家长接孩子时向家长告状,诉说幼儿一天犯下的错误的现象并不少见。其实,这种做法有欠妥当。

首先,幼儿年龄小,自控能力、辨别是非的能力都较差,犯错误是难免的。老师应帮助幼儿分析问题、改正错误,而不宜简单地以"告状"的方式来解决,从而把问题推给家长。

其次,老师向家长"告状",往往适得其反。有的孩子家长性格粗鲁、脾气暴躁,听到"告状"后就对孩子进行体罚。这些孩子一旦犯错误后就担心老师会"告状",从而产生精神压力,影响一天的学习与生活;有的孩子还会因害怕家长惩罚而说谎;还有的孩子认为老师的"告状"是无能,管不了自己,如果其父母对孩子又娇惯、溺爱,天长日久,这些孩子对老师的"告状"就会持无所谓的态度。

要改变"告状"式的家园联系,一方面,教师要对犯

---

① 任慧娟.蒙台梭利纪律教育思想对幼儿园常规教育的启示[J].教育导刊(幼儿教育),2006,(2):15—17.

错误的幼儿采取正确的教育方法,发现幼儿犯错误时不急不躁,冷静地帮助幼儿分析自己的过错,使幼儿明白自己错在哪里,应该怎样做;另一方面,教师要努力做好与家长的联系工作,对平时表现较好,偶尔犯一个小错误的幼儿,只要他能在老师的帮助下认识到自己的错误并及时改正了,教师即可或者悄悄地将情况告诉家长,使家长做到心中有数;或者经观察发现孩子已不再犯类似的错误,就不再将情况告诉家长。对调皮捣蛋、经常犯错误的孩子,教师则一定要注意联系方式,不要当着其他家长和孩子的面告孩子的状,要静下心来和家长单独面谈或采取家访的形式,向家长介绍孩子的情况,了解孩子在家里的表现,分析出现这种情况的原因及应采取的解决办法。[①]

家园教育保持一致,不仅能使幼儿的身心健康、全面地发展,而且可以让幼儿正确对待自己的错误,正确对待老师,正确对待老师和家长的关系,这些对他们上小学以后处理好自己与老师、家长与老师的关系都大有好处。

---

① 顾佩瑛. 改变"告状"[OL/EB]. 2008-01-02. http:/www.xsyey.net/show.aspx?id=494&cid=8.

(二)对小学一年级老师的建议

1. 幼小顺利衔接,我们责无旁贷

在入学的新鲜感过去之后,在渴望上学、愿意做个好学生的热望渐渐平息之后,有的孩子能很好地适应小学的生活,轻松快乐地享受上学的乐趣;有的则出现诸多不适应的现象。比如,不能按教师要求坐在座位上听课,上课时经常在教室内随意走动,甚至走出教室之外;不能也不会集体行动,集体活动时不能按时到达,不能按老师的要求统一行动;不能忍耐、不会解决同伴之间的纠纷,遇到同伴之间产生矛盾时只会哭、打架、逃避;以自我为中心,不懂也不愿与别人合作,甚至出现学习兴趣低落、焦虑、恐惧以及攻击性强等状况。[①]

作为一年级教师,面对孩子们出现的种种不适应的情况,要客观、科学、理性地对待,而不能抱怨幼儿园和家长,因为让幼小顺利衔接是我们义不容辞的责任。

"处理得当"需要教师有意识地在日常教育教学中积累和揣摩问题所在,是一种意识自觉的过程。当学校

[①] 霍力岩. 日本"幼小一贯学校"述评[J]. 外国教育研究,2006,(5):41.

第三章　对教师、家长、学生的建议

需要教师承担这样富有特色的衔接阶段的教学工作时，教师如果积极把握好"教育是连续性和阶段性的统一体"这一点，就可以使我们的日常工作成为一个提高自己、把握教育规律、借科学驾驭现实能力的机会和过程。随着工作年限的增多，教师针对衔接阶段的教育教学专业知识就可以在点滴的实践工作中得到逐步完善和系统化，教师变得更具预测力和应变力，给予学生及家长的指导也更具教育说服力，从而赢得更多的尊重和爱戴。①

　　当某个教师积极主动地处理衔接阶段的教育教学问题，努力减少因衔接而带来的学生问题时，他实际上是在减少下一个接手教师的工作压力和负担，这会使学生发展得更好，学校整体的教育气氛也随之步入良性循环轨道，教师的工作环境因此充满融洽与和谐之气，每个教师的身心都会受益于这种"利他而利己"的潜效。但是这种深层的效果显现，至少需要2～4年的时间，所以它的实现需要学校每位教师的付出和努力，需要每位教师的坚持，以及坚持中的思考和尝试。②

---

　　①② 关于衔接阶段的教育思考[OL/EB]. 2004－11－15. http://www.hhxx1999.net/detail.asp? announceid＝17072.

从整个基础教育和学生终身发展的角度考虑,我们小学教育能做的就是使这一阶段中的各种衔接过程通过我们的努力变得更平顺、更有效。因此,小学教师应在平时的工作中有意识地思考和琢磨衔接教育的问题,尝试着摸索总结衔接期学生发展的经验,把它明确化、系统化,然后再在实践中予以验证,进而减少工作阻碍,提升职业内涵,① 为儿童发展奠基。

2. 班级诞生典礼,为生命的又一个开始喝彩

班级诞生典礼的目的,是让孩子在由幼儿到小学生的角色转换中感受学校生活的正规与庄严,同时在一种活泼生动的氛围中对学校、对班级、对伙伴产生融洽、亲切的感情,对学习产生浓厚的兴趣。

典礼程序与活动的设计可以丰富多彩,不拘一格。例如,给班级命名,集体创意布置教室,设计班旗、班徽,学唱班歌,学习《班训》、《班规》,等等。也可以组织"比谁朋友多"的小游戏,鼓励孩子们尽快结交新朋友,既锻炼交往能力,又有利于尽快适应新的集体生活;开展"我是____的×××"自我展示活动,制作一个有自己姓名

---

① 关于衔接阶段的教育思考[OL/EB]. 2004－11－15. http://www.hhxx1999.net/detail.asp? announceid=17072.

的标志牌在班里进行自我介绍,鼓励孩子想办法让全班同学尽早认识自己,使之尽快融入集体并被集体所认同,也可以采取多种形式说出孩子最突出的一个优点……

活动与仪式的设计要简洁明快、轻松活泼、生动有趣,使和谐、安全、快乐、有序等班级的重要元素尽显其中,让开学第一天成为儿童颇有成就感的长大的一天,在其心中成为一生的美好回忆,或许若干年后他们会懂得这份礼物的珍贵。

3. 关注座位的心理舒适度和心灵成长

教室中的每一个位置、每一个角落、每一件用品都是教育的重要资源。座位及座位安排方式,就是形成教学环境的一个重要因素。排座位看似简单,却是一个十分有意义的问题。因为,座位与生命息息相关[①]——每个孩子每天都离不开自己的座位,在座位上能否听清教师讲课、能否看见黑板上的内容、能否与前后左右的小伙伴融洽相处……这些都会或多或少地影响孩子的情绪和学习效果,进而影响他对伙伴、班级、学校的认可程

---

① 满常顺.座位其实离生命最近[OL/EB]. 2007－05－27. http://www.show43.com/lunwen/jiaoyu/banzhuren/7320.html.

度。在入学之初这种影响会更加明显。从这个意义上说,排好座位正是幼小衔接关键期充分开发教育资源,影响学生全面发展的不可忽略的问题,甚至可以说排座位的方式、方法及心理、心态代表了一个班主任的教育水平和教育思想。

而目前,排座位还存在很多误区。首先,方式不科学:按学生高矮顺序从低到高依次排列;按学生成绩排座位,成绩好的坐前面,中游的坐中间,差的坐后面;按学生是否听话来排座位;放任学生自选,随意搭配。其次,思想不对头:按与家长关系厚薄,同事之友,同乡之谊来排座位,搞"人情座"、"面子座"。①

我们应对当前排座位的种类有所了解。

①秧田型。这是从17世纪夸美纽斯发明分班授课制以来,最主要的排座位方法。其优点是,教师易于观察和控制全班学生的课堂行为,易于系统讲授,减少学生之间的互相干扰,注意力容易集中。但不利于课堂教学过程中学生之间的人际交往和主体性的发挥。

②马蹄形。优点是教师与学生、学生与学生之间信

---

① 满常顺.座位其实离生命最近[OL/EB].2007-05-27. http://www.show43.com/lunwen/jiaoyu/banzhuren/7320.html.

息交流方便,不足是不利于两侧的学生发展。另外,人数也受限制。

③会晤型。即前后两张课桌四人一组,讨论时前面两人回过头来即可。有利于学生之间及时的信息交流,但座位不容易变动,小组内人数也少了些。

④万向型。教室内都是"万向轮"的单人课桌,平时按"秧田型"就座,一旦需要讨论,立即可把课桌"万向"组合成任意一种方式。事实上,给每个学生配备带有"万向轮"的课桌,还不能十分普遍。①

幼儿园的座位一般以马蹄形和会晤型居多,且上课时间短,游戏活动多,幼儿人数少,所以家长和幼儿对座位的"期望值"就会低得多。到了一年级以后,一节课要在座位上进行40分钟的学习活动,一天要有6节课,这就使得孩子对座位的依赖程度大大提高,座位成了孩子在校期间最主要的、为时最长的活动空间,因而座位的"生理与心理舒适度"就显得重要了许多。因此,教师第一次给一年级学生排座位切不可掉以轻心,以自己之好恶而为之。

---

① 满常顺.座位其实离生命最近[OL/EB].2007—05—27. http://www.show43.com/lunwen/jiaoyu/banzhuren/7320.html.

排座位最重要的一个原则就是公平。年龄越小的孩子对公平的渴求越强烈,所以不能让任何一个孩子有特权,也不能让任何一个孩子受歧视。排座位前,让每一个孩子都到讲台上看看全班的座位,让他们知道教室里的每一个座位都在老师的视野之中,无论坐在哪里老师都能够看到你的表现,你都不会被忽视,都可以得到老师的关注,同时可以把自己在讲台上看到的情景与感受讲给家长听,帮助家长从对座位位置的关注转移到对孩子自身约束力、注意力的关注上来。

排座位要关注孩子的健康成长。为了避免孩子长期固定在一个角度看黑板,引起斜视,教师要定期以列为单位调动座位。

排座位可以在孩子心中播下友爱与谦让的种子。一般情况下,刚入学的孩子可以按照身高排座位,但不排除有弱视或者近视的孩子需要照顾,这时老师可以引导儿童自告奋勇让出座位照顾同伴,并让这种可贵的行为在班级内得到最大限度的尊重和褒奖。儿童的天性中有一种与生俱来的从众心理,他们一定会更加努力效仿,久而久之,在除了排座位以外的班级其他事情中,这颗友爱与谦让的种子都会绽放出更加美丽的花朵。

排座位可以激励孩子更加自信和守纪。"坐在前面的小朋友,你们真是'心中有他人'的好孩子,为了不影响后面的同学听课,你们那么遵守纪律,后面的同学一定会感谢你们的!""坐在后面的同学,你们多么了不起啊!虽然座位离讲台远一点儿,但是你们端正的坐姿、认真听课的神情深深地感动着老师,相信你们一定能坚持下去!"老师那充满鼓励、信任与期待的语言是每个孩子自信、守纪与坚持的动力,这种动力在孩子内心升腾起做个好孩子的强烈愿望,这种愿望会在他们的行动中变成一种习惯、一种光荣,从而伴随一生。

4. 让学生对你和你的课"一见钟情"

儿童入学后,小学中正规的科目学习方式与幼儿园的自由游戏、探索学习和发现学习方式有较大区别,孩子需要有适当的时间加以适应。为了帮助儿童顺利度过这一适应期,教师就要精心上好每一堂课,特别是入学后的第一堂课。第一堂课上得成功与否,既关系到老师在学生心中的形象,又直接影响学生今后的学习兴趣和热情。

任何一门学科都有其科学性、趣味性和独特的魅力。教师的第一堂课,应该是拉近和学生的距离,培养学生对这门学科的兴趣。夸美纽斯在《大教学论》中,生动地将学习比喻成吃饭,吃饭要有食欲才能吸收;学习要有兴趣才能接受。学生的兴趣有了,就意味着你的第一堂课成功了。

　　心理学家说,无论怎么样的印象,进过一次心田就不会消失,纵然没有浮现在意识表面,也会沉积在潜意识的储藏室里。对我们教师来说,第一堂课必须煞费苦心、精心准备(这其中包括个人的衣着服饰、体态语言等),更要一炮打响,让学生在很高的层面上认识到你这门课不可替代的价值,并从此"死心塌地"地爱上你和你的这门课,这便是学科教学成功的第一步。[①] 先入为主,先声夺人,让学生情不自禁地沉醉于你的学识、风度之中,沉醉于学科的魅力之中,并热切地盼望着你的第二节课的早日到来。因此,每一个学科的教师都要很谨慎地上好本学科的第一节课。

　　当然,教师要认真上好每一节课才是对学生和自己的真正尊重和负责。每一位热爱学生、富有责任感的教师都会努力使自己的每一节课做到张弛有度、疏密有致、严慈相济、活而有序,使儿童在这种富有情趣和吸引力的课堂上享受上学的快乐。

----

① 陈华忠. 开学第一课:怎样上好第一堂课[OL/EB]. http://eblog.cersp.com/userlog17/34290/archives/2007/517001.shtml. 2007－08－27.

5. 鼓励儿童去行动，寓习惯培养于课堂

孩子刚刚步入小学一年级的时候，是培养良好的学习习惯的关键期和最佳期。因此，一年级的教师一定要牢牢记住：习惯重于成绩，好习惯有利于提高成绩，切不可为了追求一时的高分而错过了习惯培养的关键期和最佳期。

在幼小衔接阶段，要努力培养儿童以下 10 个良好习惯。

<u>爱书</u>。学会包书皮，在合适的地方写名字，不磨损、折皱书角，不在书皮、书中乱涂乱画，常到书店购买新书。

<u>写字</u>。握笔姿势正确，坐的姿势正确，不折皱本角，书写整齐，力求美观。

<u>听课</u>。集中精力，坐姿端正，不做与听讲无关的事，积极回答问题，有问题向老师请教。

<u>作业</u>。记住作业内容，独立思考，书写整齐、规范，按时完成并认真检查。

<u>思考</u>。凡事多问一个"为什么"，力求知道原因。

<u>工具</u>。会用老师推荐的工具书解决一些学习上的困难。

<u>提问</u>。有不明白的问题向老师、家长或同学提问，

力争找到答案。

<u>阅读</u>。课外阅读书报，每天读，成为必做的事。

<u>活动</u>。参加各种集会活动守秩序。

<u>预习</u>。在学习新课前把要学的内容读一读。

<u>复习</u>。每天回顾当天所学的各科内容。[①]

习惯是在不断重复和练习中逐步形成的，并且对刚入学的儿童来说，应主要放在课堂上进行。小学低年级学生自制能力差，一些良好的学习习惯易产生，也易消退，所以对他们要严格要求，反复训练，直到巩固为止。要培养学生良好的习惯不能贪多求全，而应有计划地一步一步实施，每一个阶段以一两个习惯为主，其他习惯为辅，坚持下去，一个习惯一个习惯地形成。

（三）对幼儿家长的建议

1. 告诉孩子：每个人都生逢其时

《中华人民共和国义务教育法》规定，凡年满6周岁的儿童，不分性别、民族、种族，应当入学接受规定年限的义务教育。条件不具备的地区，可以推迟到七周岁入

---

① 书林. 家庭教育中最重要的两个字——习惯[OL/EB]. http://blog.sina.com.cn/s/blog_4b9ffa120100068y.html. 2006-12-15.

第三章 对教师、家长、学生的建议

学。根据这一规定,小学一年级只招收 8 月 31 日前出生的年满 6 周岁的儿童。可是那些 9 月 1 日后出生的孩子呢?家长们陷入焦虑:孩子只差一两天或者一两个月不能上小学,真有点生不逢时啊,还要再上一年大班,会不会把孩子上"疲"了?如果不再重读大班,是不是可以买来小学一年级课本在家按部就班地学习?受教育年限拉长,工作都比别人晚一年,那损失该有多大……

其实家长完全不必如此忧虑。如果孩子提前入园,到时候又无法提前入学的话,的确有可能出现这样的情况:在同样的情境下再学一年,把孩子的热情和积极性都消磨掉了。怎样解决这一问题?建议家长替"大班再读"的孩子换个学习环境,比如就读普通幼儿园的,转到以艺术教育为特色的幼儿园去;就读寄宿制幼儿园的,可转到家门口的全日制普通幼儿园去。这都会引发孩子再学习、再适应的兴致。我们也特别建议前三年就读寄宿制幼儿园的孩子,如果因年龄太小不能马上上学的话,可以选择上一所日托幼儿园,来适应上小学后每天要回家的作息规律。一方面可以弥补前三年亲子交流的某种不足,另一方面,既然上小学后不可能再寄宿在学校,这一年的适应和铺垫,对孩子顺利度过幼小衔接期大有好处。

如果不想重读一年大班，这一年当然不能让孩子"荒"着。问题是，学法要多样化。正如玩法要多样化一样，寓学于玩或寓玩于学，既符合这个年龄段孩子的思维发展规律，又能激发孩子在学习方面的自主意识。父母可根据孩子的特长来选择让他从哪个方向突破。为何不利用这宝贵的一年，让他多在这些领域尽情地享受艺术的熏染呢？还有，尽量抓紧时间带孩子出门旅行吧，快6岁的孩子有体力也有感受力，也有了与陌生人自主交往的能力，可以带着他长途旅行。

另外，女孩儿是不是因为早熟、因为职业生命要比男性短更应该早点上学读书呢？其实，在一些提早入学的佼佼者中，会出现其他方面发展不到位的情况。男孩的发育的确比女孩更慢，以至于学了两个月数学，有些男孩还在掰手指计算。又比如有些孩子上学后，书写非常吃力，这不是学习态度认不认真的问题，而是掌握语言的神经元和书写的手部小肌肉要到6周岁后，才能变得灵敏坚韧，胜任长时间的流利书写。

还有许多与学习习惯相关的其他问题：注意力集中的时间是否适应小学学习的要求，生活自理能力是否到位，能否进行自我管理、自我督促，以及他在同伴中会取得一个什么样的位置，是否受到同伴的信赖与拥戴？孩子与孩子之间的差异是客观存在的,而且年龄越小差异越大。比如入学时有的孩子刚满6岁,有的孩子已经快7岁了。坐在同一个教室里,孩子们的行为自控能力、语言表达能力、理解能力等方面的差异表现较为显著。

迟入学几个月,从孩子成长的漫长历程来看,实在是小得不能再小的波折。相反,面对这种不可逆转的形势,如果能中肯地认清利弊,用事实来告诉孩子每个人都生逢其时,反而能使孩子学会如何面对问题,如何审时度势、掌握时机的处世方法,就会使之变成一种前进的动力。

2. 就近入学是对孩子的一种更深切的关怀

《中华人民共和国义务教育法》对入学原则有明确的规定:到了6周岁的法定入学年龄的儿童,必须就近免试入学。虽然根据规定,大部分学生都能按就近入学的原则入学,但"择校"现象仍然存在。站在家长的角度考虑,他们追求更优质的教育,希望孩子能接受最好的教育,这一点无可厚非。如果站在儿童的角度考虑,就近入学更符合儿童的身心特点,有利于他们的健康和安全。

(1)就近入学,让孩子更加轻松自由

上学期间时间被分割成一个个40分钟,这一个个

40分钟的时间几乎都由老师来安排,孩子们自由支配和交往的时间非常有限。而上学放学的路上,小伙伴们不用大人接送,他们结伴而行,可以交流更多的、更自由的、更喜欢的话题,可以更加无忧无虑地说说笑笑,可以更多地交朋友。这份轻松、这份快乐、这份自由使他们的交往能力越来越强,小伙伴之间的友谊越来越深,同伴间的相互影响越来越多。小学生活也会因这一路欢歌笑语更加丰富有趣。因为不用大人接送,便拥有了更多的自由——可以在操场上多玩一会儿游戏,哪怕只有半小时抑或十几分钟,也极其珍贵——那是完全属于孩子们的时光,真正的自己做主,真正的无拘无束。没有老师的教训,没有家长的唠叨,只有小伙伴的活蹦乱跳、你追我闹。即使打架了,闹别扭了,哭鼻子了,也是一份成长的快乐!

况且,就近入学,每天可以省下一两个小时的赶路时间,即使不把这些时间都用到学习上,睡点懒觉、看点电视、读点课外书对丰富孩子的童年生活也是大有益处的。

(2)就近入学,让孩子更加健康安全

有些父母为了给孩子选择一个好学校,不顾路途遥远,其实这对孩子并不好。刚上学的孩子,本来就已经面临着入学后的诸多不适了,每天还要起早贪黑花很多时间奔波在上学的路上,连早餐很多时候都只能在路上吃。而一年级第一学期正值秋冬季节,天气越来越凉,吃得不舒服不仅影响上课,更影响身体健康。放学的时候更紧张——铃声一响,孩子就要匆匆忙忙地去赶校车,有时甚至来不及记好作业,来不及做值日,来不及跟老师和小伙伴打个招呼。一旦赶不上校车就更麻烦,一个六七岁的孩子被孤零零地丢在车站是多么危险!就算家长开车接送,双方的自由度也受限制。再说孩子一天当中坐在车上的时间过长,车内空气流通不好,打开车窗,呼吸的又是污染更为严重的空气。久而久之,身体状况不容乐观。

(3)就近入学,一家人会享受更多天伦之乐

孩子一生中跟父母在一起生活的时间最多也就是上大学前的十几年。如果从小学就选择寄宿的话,可以想象这一生中能和孩子相处的时光还有多少。父母不能亲眼看到他每一天的进步与成长,不能更多分享他童年生活的喜怒哀乐,那不能不说是人生的一种缺憾!就近入学,一家人既没有赶路的紧张和迟到的焦虑,又能天天相聚相依。多年以后,一家人围坐在一起,悉数孩子成长道路上的点点滴滴的故事,那将是一家人共同的

财富与幸福。

3. 让暑期成为孩子顺利入学的佳期

暑假中,家长要指导孩子有规律地生活。作息有规律是帮助孩子树立规则意识、适应社会生活的重要方面。一般形成一个好的习惯需要 21 天的时间,而这 2 个月的暑假足以让孩子养成良好的习惯。

一是逐步帮助孩子确立时间观念。在孩子做某件事(喝水、上厕所、做作业等)之前,要让他做好充分准备,明确需要完成的时间。一旦开始,就不允许以各种借口拖延(如来回走动)。另外,可为孩子准备一个定时的小闹钟,规定好时间限制,让孩子自我监督,自己控制时间。

二是安排孩子相对稳定的作息时间。家长最好能与孩子共同制作一张作息时间表,贴在孩子看得到的地方,并要求孩子按照时间表去做相应的事。

三是作息有序与灵活调整相结合。孩子升入小学后,在作息时间上,会有许多意外的变化。为了增强孩子的适应性,父母可以有意识地安排一两次打破常规时间的事情。如,晚上一起外出观看夜景,休息日一起看球赛等。如果过分刻板地严格遵守作息时间,孩子的适应性反而会大大降低。

第三章 对教师、家长、学生的建议

如果家长能够充分利用这长达 2 个月的时间，逐步调整与建立孩子科学、方便、习惯的生物钟，使其作息习惯与生活节奏基本与小学同步，开学后孩子会尽快适应学校的作息时间。

暑假中，家长要更多关注孩子的自理与自立能力。自理与自立能力是入学准备的必要内容，关系到孩子能否独立地、自信地走进小学校园，适应小学生活，以下这些内容，可供家长分析、了解孩子情况时作参考。

• 孩子是否对入小学充满期待与向往？

• 孩子是否能与周围同伴友好相处？

• 孩子离开家人进入陌生环境后是否会沮丧？

• 孩子是否能自然地与除家人以外的人交往？

• 孩子对阅读是否感兴趣，是否能回答相关的问题？

• 孩子是否能独立完成系鞋带、戴围巾、收拾玩具等事情？

• 孩子是否会照顾自己（如：主动饮水、根据冷热自己穿脱衣服等）？

• 孩子是否会重复简单的口信？

• 孩子是否能熟练使用纸、颜料、剪刀、胶水、水彩笔等物品？

・孩子是否能够同时记住两个或三个任务,并执行这些任务?

・孩子是否能说出自己的家庭地址和家人的姓名、电话号码?

・孩子是否会承认自己不懂,而主动请求帮助?

・孩子是否会掌握红绿灯亮的时间,能够自己过马路?

・孩子是否会打公用电话或IC卡电话?

家长要走出"过度保护"的误区,凡是孩子能做的事,放手让他自己去做;凡是孩子该做的事,要让他学会去做。家长应该减少孩子对大人的依赖,要坚信:是鹰,总要学会飞翔!如果孩子具有以上这些良好的自理与自立能力,那么就能够很顺利地适应小学生活。

暑假中,家长还要鼓励孩子成为"交际达人"。对于不太合群的孩子,家长不妨从一个玩伴开始锻炼其交往能力,让他懂得去享受交朋友的乐趣,也可以请附近的一些年龄相仿的小朋友带上玩具到家里来玩。因为家是孩子感觉最安全最放松的地方,在这样的环境里与别的伙伴相处会减少陌生感。况且小伙伴带来的玩具也容易拉近孩子和小伙伴的距离,经过一段时间的适应,孩子会融入到一群小朋友中去。在孩子已经能够感受到与同伴玩耍的乐趣以后,多鼓励孩子出门去玩,这时候孩子不仅和熟悉的伙伴玩耍,还会在玩耍中结交新朋友。家长还可以经常询问孩子一些其他小朋友的情况,让孩子有意识地注意别人、了解别人。

4. 让好习惯为孩子每一天的成长护航

让孩子独立记住老师交代的任务,其中最重要的就是作业和第二天要带的东西。开学后,家长要给孩子专门准备一个记事本,教孩子用他自己能看懂的数字、符号、拼音、图画等相结合的方式做好记录。希望家长每天能抽出点时间,对孩子是否完成老师交代的事情进行指导。具体做法:一次提醒,一次检查,一次表扬。例如,放学接孩子的时候,问问他"今天老师让你们回家做什么呀?"孩子做完了,家长要检查签字,完成得好,别忘了要肯定孩子;完成得不好或没完成,也要帮助孩子找出原因,鼓励孩子再努力。有过几次经验后,孩子就会明白,记住老师交代的任务是自己的事情,应该自己完成,这样他在听老师讲话和记事方面会认真许多。

让孩子保管好自己的东西。上学以后需要孩子自己保管的东西一下子多了许多,孩子以前并没有这样的经验,缺乏自己的东西由自己保管的意识。有一些孩子几乎每天都丢文具,根据这种情况,一方面,家长要把每种文具都在纸上写上名字，用胶条粘在文具上，让孩子认识自己的东西。有些父母对这些现象并不重视，觉得一枝铅笔没有多少钱，丢了再买，但自己的东西自己保管好，是对孩子责任心的培养。另一方面，开学初，每个孩子准备一个资料夹，将老师下发的课程表、试卷、通知等资料分类整理在文件夹里，交给孩子自己保管，逐步培养他处理好自己东西的意识。同时，教会孩子每天按照课程表自己整理书包、收拾文具，带齐学习用品。

让孩子养成良好的作业习惯。在孩子刚入学时就重视培养他们良好的作业习惯，对孩子形成责任意识、任务意识以及其他一些重要的品质很重要。为此，家长不但要关心孩子良好作业习惯的培养，还要尽可能做到培养得法。一是给孩子创设一个静心作业的环境。准备一个学习的空间，有桌椅、台灯、小书架等等。二是让孩子定下心来做作业，不可以一会儿做这，一会儿做那。三是要提醒孩子在一定的时间内完成作业，帮助他逐步形成时间观念。一般一年级学生的回家作业时间为半小时左右。四是帮助孩子养成在一般情况下回家后先作业再玩耍的习惯。五是家长不要作陪读，更不要对孩子的错题、错字指指点点，甚至直接帮他改错，不然的话，日久天长就会使孩子养成依赖思想。

让孩子懂得勤俭朴素是一种美德。在给孩子准备必要的文具用品时,一切以舒适、简单、实用为主。过于花钱的东西,孩子弄丢弄坏很可惜,复杂的用品孩子不会用,为时过早,还会影响孩子的注意力。物质的准备也不一定完全要买新的,家里有旧的也可以利用,不要造成孩子对物质的追求。服装要简洁大方,方便孩子活动,不要追求名牌,以免孩子互相攀比,养成不良习惯。

5. 多陪孩子,别让他们的心灵成为爱的荒原

美国的心理学家对几千例学生进行调查,结果发现:与父母在一起时间多的孩子,在学业成绩、能力素质和品德等各个方面的发展,明显优于与父母在一起时间少的孩子,双亲家庭的孩子发展明显优于单亲家庭的孩子。

大多数人认为,应当多挣些钱,为孩子的将来考虑。如果我们用牺牲现在去换取将来,是否值得呢?林则徐说过:"子孙若如我,富钱作什么?贤而多财,则损其志;子孙不如我,富钱作什么?愚而多财,益增其过。"所以,希望家长少一点不必要的应酬,多抽点时间关心孩子。钱再多,买不到孩子健康的心态,良好的品质,高尚的道德;钱再多,也满足不了孩子对亲情的渴求,对心灵的慰藉;钱再多,也买不到孩子的未来和亲子之间的幸福

快乐。

多陪陪孩子吧,把您对他的影响留在他早期的记忆里。那么,家长在陪伴中要做些什么?

在陪伴中培养恒心,不半途而废。教会孩子不轻言放弃,如果10分钟解不出一道数学题,大多数学生要么放弃,要么求助于他人。在学习中,我们要鼓励孩子"尝试,尝试,再尝试",从不同的途径寻求解决问题的方法。如实在解决不了,家长也只能提供解决问题的"金钥匙",而不是亲自帮助他们解决问题,要引导孩子理解,在学习中最重要的是过程,而不是结果。

在陪伴中辅导作业,但不越俎代庖。做家庭作业是孩子应尽的责任,家长必须督促孩子认真完成家庭作业,但绝不能替代孩子完成作业。在指导孩子完成作业时,一定要让其养成良好的习惯,如认真读题、仔细检查、规范书写等。每次做完作业,都要从头到尾检查一遍,看有无漏题、漏项、抄错、做错等。作业做完之后,再考虑安排其他活动等。

在陪伴中激发读书兴趣,但不强制阅读。让孩子热爱读书,读书不仅可以使孩子增长知识,更重要的是,通过读书,孩子可以从中学到做人的道理,受到心灵的震撼与精神的洗礼。但对孩子的阅读要加以引导,注意孩子的兴趣。家长应当为孩子多备些他们爱读的书,对低年级的家长来说,有可能的话,最好能与孩子一起读书,如果能绘声绘色地给孩子读书,效果会更好。

作为家长,如果我们能够多花些时间,蹲下身来用孩子的眼光,看孩子的世界,用孩子的思想,解读孩子的行为,用父母那敏感而细腻的爱心,体会孩子心中失落的情绪,了解孩子成长中那种茫然不知所措的感觉,感受孩子失败的沮丧和苦涩,就一定能够听到花开的声音,一路上采撷美好的记忆,收获温暖的亲情和孩子童年的幸福。

6. 让孩子快乐地成为他自己

很多家长望子成龙心切,对各类"学习班"、"兴趣班"津津乐道,不管孩子是否有兴趣,打着"让孩子赢在起点"的旗号,在入学以后强迫孩子在自己倍加期望的眼神中踏上求学苦旅。更有甚者,把孩子当做攀比的资本,很多孩子为了大人的脸面承受着本不该承受的重负。因而在这些本该灿烂鲜活的脸上我们再也看不到儿童应有的童真和童趣,他们的欢乐已经被一双双无形的巨手剥夺了。很多孩子在入学不适的困扰中还不得不在周末马不停蹄地辗转在各种兴趣班之间,更加疲惫不堪,苦不堪言。

孩子的童年是不会重来的。如果强迫孩子学习一些他所不喜欢的东西,那将会抹杀孩子的学习兴趣,使孩子变得没有自己。冰心曾经说过,让孩子像野花一样自然生长。呵护孩子个性的花蕾,让每个孩子都能快乐地成为他自己。让孩子在入学的一两年里还能够拥有游戏的童年、正常的童年,是父母给予孩子的最美好的人生厚礼。

(四)对幼儿的建议

幼儿园大班的小朋友,快上小学了,你是不是特别高兴?你在想什么?下面就是一位小朋友的心里话,你和他想的一样吗?

时间过得多快呀,转眼我就长大了,马上就要上学了,爸爸、妈妈都为我高兴,我也很想上学!我知道,上学以后,我的生活会发生很多变化,我一点儿也不害怕,因为老师和妈妈都在关心我、疼爱我、帮助我!我也学会了很多上学的本领,相信我很快就会适应小学生活的!等着我的好消息吧!

我有一双小巧手(自理)

我的小手不大,也没有多大的力气,但是很能干。

我会自己洗漱、穿衣、系鞋带、收拾书包、整理床铺、洗小手帕……我还会用剪刀、做手工、画画、折纸……我的小巧手在上学以后一定能照顾好我自己,并且会越来越巧,越来越能干。

我有很多好朋友(交际)

每天,我都和小伙伴生活在一起,他们有的聪明、有的爱劳动、有的爱帮助人,也有淘气的。我有时候也很调皮,我们都一样。所以我很喜欢跟他们一起玩耍,一起学习,一起长大。这些小朋友有的还跟我在一个学校上一年级,有的就到别处去上小学了,我会很想念他们。不过,到了新学校,我还会交很多新朋友,我的新朋友是什么样子呢?快点开学吧!

我是守纪小标兵(规则)

我知道,在人多的地方大家都要有秩序,这样才安全。幼儿园老师也说过:大家都遵守纪律,就不会伤害别人、打扰别人,同样自己也不会被伤害、被打扰。班里其他小朋友都遵守纪律的时候,我就可以安静地做我想做的事,所以,上学以后我也会更加遵守纪律不影响别人,做个守纪小标兵。

我会专心听故事(倾听)

我和很多小朋友一样可喜欢听故事了。平时我只能安静地坐几分钟,要是老师或妈妈讲故事,我就能安安静静地听好长时间。老师夸我说:会倾听的孩子是最聪明的!我知道光爱听故事是不行的,上学以后就没有那么多时间听故事了,每天要上好几节课,我一定管住自己,像听故事那样认真听课,让一年级的老师也夸我是最会听课的最聪明的孩子。我一定会努力!

  我能完成新任务(任务)

  别看我们还很小,其实,每天我们也要做很多事。有一些是天天都做的,比如洗漱、穿衣等。这些我早就习惯了,根本不用大人提醒。有一些却是老师布置的新任务,比如:要开家长会了,给家长带一张通知书;要过"六一"了,回家练节目呀、准备服装呀、道具呀什么的,我也能牢牢记住,每次都完成得很好。妈妈说,上学以后,要上很多门课,每天的课都不太一样,所以要看着课程表准备学习用品,还要记住每天的作业。反正,比幼儿园的任务多多了。不过没关系,我会比幼儿园做得更好,和其他小朋友比比,谁做得更好!

(五)对一年级小学生的建议

  孩子,今年的9月1日,是你生命中非常重要的日子——从今天起,你就是一名真正的小学生了。瞧,你背着小书包的样子多精神啊!看你激动的表情和自信的眼神就知道你一定想做一名优秀的小学生,老师和家长也相信你一定能成为优秀的小学生!

1. 告诉自己:今天,做最好的自己

在幼儿园的时候,你也许是个小淘气,也许一直很优秀,这都已经成为了过去,今天是一个新的起点,所以就从今天开始,告别过去的自己,做全新的、最好的自己。并且,每天早上醒来第一件事就是提醒自己:今天,太阳又一次升起,新的一天我要做最好的自己!

2. 告诉妈妈:放心,我会照顾好自己

孩子,你知道吗?当你松开妈妈的手,独自步入校园的时候,妈妈也许久久舍不得离去,她会望着你那小小的背影消失在楼道里,消失在人群里……你想象得出吗?她的眼里也许噙满了热泪——多少心疼、多少惦记、多少期待、多少焦虑都在妈妈的眼神里。懂事的你,轻轻地告诉妈妈:放心,我会照顾好自己!

3. 告诉同学:来吧,我们一起做游戏

看到教室里一张张陌生的小脸儿,不要紧张,他们跟你一样,也是第一次走进校园,也是面对很多陌生的伙伴儿,心中同样充满新奇与渴望、胆怯与忧虑。没关系,伸出你的小手,主动而友好地说:来吧,我们一起做游戏!

4. 告诉老师:请您相信,我们一定会努力

坐在教室里,看到老师的目光从每个小朋友的脸上扫过,当老师那亲切中略带严厉的眼神投过来的时候,不要躲避,用你端庄的坐姿、专注的神情告诉老师:请您相信,我们一定会努力!

小学生《一日常规七字歌》

起床:按时起床要做到,自己叠被和穿衣,一日之计在于晨,宝贵时间要抓牢。

离家:穿戴整齐系领巾,背上书包去学校,离家之前要告别,按时上学不迟到。

行路:交通规则要记牢,走路靠右人行道,横穿马路左右瞧,斑马线上快步走。

到校:文明进校不吵闹,见到老师问声好,见到同学说声早,靠右行走脚步轻。

出操:排队集合静齐快,精神饱满去做操,立正敬礼升国旗,奏唱国歌意气高。

上课:课前准备要周到,老师讲课仔细听,掌握知识攻难关,持之以恒争先进。

下课：课间休息不打闹，先去厕所后活动，来到操场活动好，纸屑杂物不乱抛。

运动：锻炼身体很重要，一日两操要做好，打球跑步练跳绳，课余生活真丰富。

吃饭：饭前便后要洗手，吃饭不要掉饭粒，细嚼慢咽习惯好，尊客敬老不挑食。

放学：排队放学有秩序，说声再见离学校，准时回家要做到，自我保护要记牢。

作业：灯下夜读做作业，独立思考最难得，各门功课温习好，学习成绩呱呱叫。

就寝：今日之事今日毕，学习用品不乱放，对照课表理书包，按时就寝睡眠好。

二、小初衔接

笔者的研究表明，小初衔接可分为以下五个阶段：预备茫然期、预备兴奋期、自我保留期、学习异象期、自我放松期。了解这几个阶段，就能够有针对性地采取相应措施。

下面就根据我们和国内外的研究结果,对各方面给予一些建议。

(一)对小学六年级教师的建议

小学六年级是孩子升入初中的预备期,孩子们在家长和老师的言语暗示中,预感到自己的生活将发生重要变化,而这个变化到底是怎样的,他们不得而知。在有些家长或老师的片面夸大中,有的孩子会感到压力,甚至恐惧、茫然。这就是笔者前面提到的"预备茫然期"。一位有远见的六年级教师,他一定会考虑到孩子升学的特殊情况以及这将对孩子产生的重要影响和深远意义,也一定会采取科学的恰当的方式对孩子进行各方面的指导。

1. 对六年级班主任的建议

(1)应具有明确的工作指导思想

六年级的班主任老师要非常清楚自己的责任,就是除了指导学生学习和进行日常管理外,还要从心理和生活上对学生进行引导,使他从小学平稳过渡到中学,并在实际工作中始终贯彻这一思想。

(2)应具有科学的前瞻性

一是要对学生目前的情况心中有数。

二是要对学生即将面临的问题心中有数。

(以上两点见本书"小初衔接中生理、心理、社会文化的过渡与衔接的特点"相关章节。)

三是要对自己应当采取的措施心中有数。(具体措施见下文)

(3)应具有系统的实践行动力

①指导学生的措施。第一,明确差距,树立信心。利用班会时间,向学生介绍升入初中的学生需要具备的心理、学识、思想的水平,引导他们发现自己的差距,带领他们找到缩小差距的方法。应先从最切近、最容易解决的问题入手。这样做,有利于孩子们逐渐消除茫然心理,明确自己努力的方向,在不断解决问题、缩小差距的过程中,树立信心。他们会认为未来就掌握在自己的手中,并且初步形成有目的、有计划地解决问题的意识。这样的班会要形成系列,每次提出一个问题、解决一个问题,循序渐进才能取得成效。切忌轰轰烈烈,虎头蛇尾,虚张声势,没有实际操作性,否则会让孩子陷入更深的迷茫。

第二,具体指导,循序渐进。在每次开过班会,找到问题及解决方法后,班主任要经常提醒孩子按照想好的方法去做,并告诉孩子在执行过程中,依据实际可以随时调整对策。当一个问题基本解决后再提出新问题,切不可急于求成。

第三,以人为本,实事求是。

第四,与其他任课教师沟通,统一思想,形成合力。

第五,充分关注每一个孩子的特点,有的孩子可能执行较慢,教师要对这样的孩子多加指导,要有耐心,还要争取家长和其他任课教师的支持配合。

即将升入初中的学生会面临三个问题:感情和心理上的不适应,不适应陌生的师生、同学关系;管理上的不适应,不适应需要学生更大的参与性,发挥其自觉性、自主性、自律性的管理模式;教学上的不适应,不适应个体角色重新定位和学习节奏快、学习内容多。这三个问题中,六年级的班主任能直接参与解决的主要是第二个问题。具体做法如下:

在班级管理上更多地让学生参与,让每一个人都有一份事做。对班干部工作的主动性、工作方法加以细致指导,表扬他们自觉、自主完成工作的行动,培养他们形成"这件事应当这样做"的意识,摒弃"这件事是老师让我这样做的"的意识。形成这种意识的关键是,教师要把班干部做事的原则讲清楚,手把手地教给他们工作方法,即使是小组长,也应当悉心指导,培养他们的主人翁责任感。

对于学生的管理,要从思想上引导他们自觉、自我教育的意识。在日常教育中,要对这样的学生给予鼓励,并号召其他人向他们学习。

②指导家长的措施。在六年级开学后召开家长会或发放家长信(具体内容见后文"对小学毕业生的家长的建议"部分),向家长讲明小初衔接的特点及对孩子的重要作用;讲清小中学的不同之处和孩子将要面临的问题;讲明自己将要采取的措施,争取家长的重视和支持。在每次需要家长配合之前召开家长会或送交家长信,对自己的目的和家长应当如何配合进行具体而细致的指导,以促进工作的实效性。

要对小初衔接尚未有足够重视的家长进行重点指导,晓之以理,动之以情。必要时要经常"督促"。

2. 对六年级任课教师的建议

初中教师将不再像小学教师那样全面详讲、细致辅导,而更多的是采用精讲启发、教会方法、引导自主的教学方法。六年级的任课教师应对这一点有充分认识,采取相应的过渡措施。

第一,研读初一教材,了解初一年级所需的知识和能力及相应的水平,尽力使自己的教学内容与初一衔接。

第二,与初一教师沟通,交流彼此教学方式之间的异同,寻求接近中学的教学方式。

第三,在教学过程中,尽可能多地为学生创造自主学习的空间。这样的自主学习一定是在教师指导后有目的、有计划地进行的,决不应当是无组织、无纪律的放任自流。

第四,教学要符合小学六年级学生的认知特点,注意与初一年级衔接。小学六年级和初一年级承担着由形象思维逐步过渡到抽象思维的桥梁任务。了解到这一特点,六年级的任课教师就要在自己的教学中,注意逐步减少具体形象思维训练,适当增加抽象思维训练。在教学中不仅要关注学生的基础知识学习,同时要根据年级特点注意对学生学习能力的培养,例如预习、复习、记笔记的方法等。除此之外,还要注重渗透初中的相关知识,为学生今后的学习奠定好基础。

具体到各个学科,可采取如下方法:

语文教师要注意培养学生良好的学习习惯,如听讲、记笔记、思考等习惯。还要教学生会一点分析、会抓住重点、会总结一些规律和学习方法。

数学教师除培养学生良好的学习习惯之外，还要注意讲清概念，培养学生的数学思维，尤其是初中学习需要的代数、几何思维等。

英语教师要注意为学生打好基础，教给他们一些记忆单词和学习英语的方法，更重要的是培养学生学习英语的兴趣，有一种前瞻性和责任感。

其他任课教师也要注意培养学生良好的学习习惯和广泛的兴趣。学生能够在教师指导下自主完成的学习任务，坚决不可包办代替。

（二）对初中一年级教师的建议

刚刚步入中学的初一新生能够完全适应初中的生活，一般要经过以下五个阶段：预备兴奋期、自我保留期、学习异象期、自我放松期和适应稳定期。下面就分阶段介绍学生的特点和教师的指导方法。

1. 预备兴奋期

（1）特点

预备兴奋期持续的时间很短，一般是在小学毕业至中学开课前的二三个月之间。这段时间学生已从小学毕业，还未真正踏入中学的课堂。他们对中学生活充满向往,憧憬着中学的快乐生活,也在积极准备中学的用具。成绩好的学生会踌躇满志,成绩差的学生会期待能有一个全新的环境使他"重新开始"。

(2)分析

期望也叫期待、预期,是一种可变化的心理状态,是在人们对外界信息不断反映的经验基础上,或是在推动人们行为的内在力量需求基础上,所产生的对自己或他人行为结果的某种预测性认知,因而它是一种认知变量,是信念价值的动机。[①] 即将走进初中校门的学生就对初一的生活充满期待,此时他们处在积极的,但又不安的状态中。

(3)指导方法

初一年级的大多数班主任会在放假期间见到自己班的学生。

首先,要及时对学生做到心中有数。教师要利用学籍资料、家访、与学生或家长谈话、校访(访问小学)等多种途径了解学生的各种情况,还要充分了解学生的年龄特征和心理特征,才能开始工作。对于即将面临的情况

---

① 林崇德,等.心理学大辞典.上海:上海教育出版社,2004:480.

要有准确的分析与前瞻性思考,不能打无准备的"战役"。①

其次,通过学习,全面了解初一新生的特点,以及小学班主任对学生的管理方式。制定自己对学生的教育计划,一定要注意管理上的衔接、过渡,要适合这一阶段学生的特点。

再次,第一次与学生接触态度要温和,指令要明确简洁,对学生做得好的地方要及时鼓励、评价,出现问题时要予以耐心帮助,切忌表情严肃、不置可否,甚至不耐烦。要抓住这个机会,赢得学生的信赖和喜爱,为以后的工作创造良好的氛围。

最后,在第一次与家长见面后,要进行小初衔接过渡的家教指导。包括以下几项内容:这一阶段学生的特点,家长该做些什么,学校的各方面要求,学校将在近期组织哪些活动等等。内容越详细越具体越好,这样可以尽早争取家长的理解、支持,家长就会主动帮助提醒孩子,使孩子尽快进入角色,适应新环境。

---

① 高雪梅.小初衔接问题研究[M].//北京市教育科学规划领导小组办公室.教育研究优秀论著:下卷.北京:京华出版社,2004:808.

2. 自我保留期

(1)特点

初一刚入学时,几乎所有学生都表现出一种积极状态,班里会出现一种稳定、安静、听话的局面。这种情形将持续到期中考试以后,其间学生会有意无意地将自己的缺点掩盖起来,按照教师的评价及要求取向,尽量好地展现自己的行为。这个时期可称为教育教学阶段的自我保留期。这个时期其实是一种假象,它并不能完全真实地反映出学生的学习情况,但它表现的是学生对新环境的一种积极适应的态度;另外他们对新环境感到陌生,会通过一段时间的观察,了解老师,寻找新朋友。

(2)分析

以上是一种心理适应现象。拉萨拉斯(R. S. Razarus)认为,人的需要是多种多样的,并要求不断地获得满足,但由于条件的限制又不可能无限地获得满足,这时个体或者积极地改变自己的生存环境,或者改变自己原有的状态,以获得需要的间接满足,这是人通过行动以减轻紧张、维护自尊心的策略,即适应机制。以上新初一学生的心理现象,正是学生适应新环境的主动积极的心理表现。他们在行动中会有意无意地将自己以往的不足掩饰起来,所以,可以把这一时期称为"自我保留期"。

(3)指导方法

①对新初一班主任的建议。第一,在开学初,所有初一教师对这个时期的初一新生,应有一个清醒的认识和分析,既不要被一时稳定的假象所迷惑,影响正确的判断力而失去有利的引导时机,更不可虎视眈眈,盲目使用"下马威"、"撒手锏",使学生在"怕"中学习、生活、工作,心情紧张,处处小心,唯恐越雷池一步,应有的能力得不到发挥,甚至失去了原有的对中学生活的向往、热情、兴趣,对教育者敬而远之产生隔阂,给教育者以后的工作造成不必要的困难。教师宜巧妙地利用这一时期,对学生所表现的积极状态加以引导,使其能够保持较长的时间,甚至成为长期的行为模式,达到进一步提高教育教学质量的目的。

第二,要主动与学生沟通。新环境会使人感到陌生、孤独,甚至恐惧。初一学生只有十一二岁,他们刚刚离开一个熟悉的环境,心理上感到寂寞,面对复杂的新生活感到太多的压力。教师要主动与学生进行情感交流,使陌生的面孔尽快变得亲切起来,了解他们的喜怒哀乐,也帮助他们尽快了解老师和学校,指导他们科学地处理好同学之间的人际关系。

第三,帮助学生适应新环境,要循序渐进,有耐心。自我保留期学生的积极性是十分脆弱的,教师应当努力使这种积极性尽可能保持长久的时间。初中一年级第一学期是小学与中学衔接和过渡的第一个学期。在这一学期中,学生面临着许多新的变化:学习环境换了;老师和同学不同了;学习科目增加了;教学和管理方法与小学有差异了。这些方面的变化会给学生带来不同程度的不安和焦虑。因此班主任要非常重视和加强初中一年级第一学期的工作,帮助学生适应新的环境。

一是熟悉生活规则。为了使学生尽快适应新环境,班主任教师应当及时组织新初一学生学习《中学生守则》、校规校纪,因为这是学生今后行动的准则。通过学习,使学生认识到,良好的学习秩序必须用严格的纪律作为保障,在进一步组织讨论后,制定本班的"班规"。"班规"务必要符合学生的身心特点,要具体明确,执行性强。"班规"制定以后,应在以后的教育管理中,经常引导学生对照班规校正自己的思想认识和行为。

二是熟悉人文环境。为了消除老师同学间的陌生感,促进大家尽快地相互认识了解。学生进校后,班主任就应该组织好《自我介绍》的主题班会。班主任还要帮助学生尽早了解学校,可以请有关人员讲述校史、传统及优秀的毕业生,激发学生热爱学校及成为这个学校学生的自豪感。

第四,要激发学生的潜在动力。学生在小学阶段追求的目标是进入一所自己理想的中学。学生进入中学后,这一目标有的实现了,有的没有实现,因此就会产生满足感或失落感。初一班主任应及时了解这一思想动态,要尽早、尽快地帮助他们树立新的学习目标。教师要有一颗爱心,一双慧眼——对于学生中的经验要及时交流,取得成绩时要及时表扬,有所创见时要积极支持,有竞争时要鼓舞士气,有冲突时要公正严明。学生最关心的是教师对他们的态度,所以切不可对他们的表现不置可否、草率处置,以至错过教育教学的最佳时机。

第五,要紧密联系家长。要努力帮助家长迅速、正确、全面地了解这一阶段学生的特点,争取家长对学生的鼓励和帮助。教师可以通过家访、家长会、请家长到学校或发家长信等多种形式提高家长对现代中学生心理认同的水准。①

②对初一年级任课教师的建议。与小学相比,中学

---

① 高雪梅.小初衔接问题研究[M].//北京市教育科学规划领导小组办公室.教育研究优秀论著:下卷.北京:京华出版社,2004:808.

学习活动的内容和形式都有了新的特点:内容上课程增多,每一学科趋向专门化并接近科学的体系;方法上要求学生更有自觉性、独立性、创造性。而且初一新生要面对的是面孔生疏、性格、教学风格各异的各科教师。这对他们来说就更加难以适应。新初一任课教师可从以下两方面入手:

第一,建立融洽的师生关系。耐心解答学生的问题,为学生创设宽松的学习环境,减轻学生的陌生感和恐惧感。

第二,在教学中要符合初一新生的认知特点,注意与六年级衔接。要在自己的教学中,注意适当加入具体形象的讲课方式,适量逐步增加抽象思维训练。借鉴小学六年级教师的一些教学方式,如刚开始教学内容可以相对少一些,难点、重点讲得慢一些、细一些、多重复几遍,说话的语速慢一些,多增加一些生动形象的教学方式。

总之,要以大多数学生能够掌握为原则,避免单纯追求进度,既要让学生有一种新鲜感,又不失学习的连续性。

3. 学习异象期

(1) 特点

期中考试后,学习成为学生面对的主要矛盾。期中考试成绩单发下去,会出现一些怪现象,有些家长会兴奋地告诉老师自己的孩子进步很大,并对老师充满敬佩和感激;另一部分家长则抱怨甚至愤怒地指责教师,他自己的孩子小学时学习特别好,到了中学怎么一落千丈?还有一部分家长会失望地告诉老师,他的孩子不是学习的料,小学就不怎么样,到了中学就更差了。

(2) 分析

上面这些现象很大程度上是由于从小学到中学教育教学环境的变化造成的。仔细分析一下就会发现:这三类学生的心理特征是完全不同的。

学生在学习中难免遇到困难,不断地克服困难从而提高学习的能力,是中学生心理适应能力不断提高的关键,也是中学生在校心理适应性发展的基础。学生对学习困难的适应一般有积极和消极两种应付态度:积极应付的学生会在遇到困难时主动请教师指导,自己不断反复地进行学习和练习,从失败中汲取教训,以矫正错误,改变方法,另做尝试;消极应付的学生则放弃学习,逃避责任,甚至逃学、弃学,不断降低目标,对自己提出较低的要求，依赖别人的帮助或干脆抄袭别人的作业，考试作弊等等。

第一类学生对于新环境给学习造成的困难，就是采取了积极应付的态度，这样的学生往往适应能力强、反应快，对任何新事物都会表现出兴趣，喜欢接受挑战，并很快地投入其中。其成果就是，初一刚入学时能很快考出好成绩并有令家长兴奋的进步。但他们的兴趣持久性并不长。他们很容易骄傲，会为期中考试的一点点"业绩"沾沾自喜，甚至飘飘然起来。在期中之后他们多数会出现听讲比期中前差、爱搞小动作等行为。在以后的考试中，成绩也会出人意料地退下来，当然不会退到刚入学的程度。这类学生外向的居多，好动活泼，爱表现自己，爱回答问题。其小学学习主要是凭小聪明和临阵磨枪的学习方法，成绩不错却少有出类拔萃的。在中学的学习中会表现为严重的不稳定，其他方面表现为浮躁不安、缺乏毅力，遇到困难时会产生急躁情绪，进而丧失信心，甚至由积极应付转为消极应付。

第二类学生其实是小学老师心目中的好学生。他们多数在小学时成绩优秀，经常拿满分，其他方面也表现出色。他们听话、勤奋、做事认真，但他们适应性较差，接受新事物能力较慢，往往在新环境中感到恐惧，甚

第三章　对教师、家长、学生的建议

至无所适从。他们或者不适应中学课程多、内容比小学程度深的情况,或者不适应教师的教法、语态,所以在经过一段时间的学习后会出现令家长不解的退步情形,但他们的耐力是持久的。他们会不甘心失败的境地,会坚持不懈地寻找方法,证明自己是优秀的。面对新环境造成的种种学习困难,他们也表现为积极的应付态度。他们多为内向,表现为安静、害羞。他们对新的学法和教育方法还不太适应,会产生一定的焦虑和不安。

第三类学生适应能力较差,接受能力也较弱,又缺乏认真的习惯和持久毅力,对任何事情都缺乏兴趣。这类学生表现较复杂:有的爱回答问题但常常答错;有的不爱说话,安静、萎靡;有的经常不完成作业。他们在小学时成绩中、下等,常常被老师批评,遭同学白眼。这种情况与两大原因有关:其一,由于婴幼儿时期家长未注意启蒙教育,没有重视孩子的听说能力的培养,所以这类学生不能认真听别人说话,也不会分辨别人说话的重点,当然课堂上也就不会听讲了。这样的学生有明显的特征,他们往往对有些字咬字不清。小学时老师忽略了这一点,没有及时给予纠正训练,错过了第二个改正的重要时机。这两个阶段的疏忽严重影响了学生学习的敏锐性,致使学习困难。其二,这类学生有太多的不适应。对学习方法的不适应——有些小学教师片面地注重知识的掌握,未重视良好的学习习惯和学习方法的培养,升入中学后,学习上要求更多的自觉性,这些学生自身注意力易分散、意志薄弱、学习习惯较差,就出现了目前的状况;对活动变化的不适应——这类学生贪玩,升入中学后虽然没有了小学的宽松环境,但惯性犹在,他们摆脱不了孩提时代的嬉戏和爱不释手的儿童书刊;与小学相比,中学的学习内容相对增多、上课时间长、学习任务重、用于作业的时间变多,活动的时间相应减少,他们的问题便全面爆发了。

(3)指导方法

作为初一年级的班主任和任课老师,应当具有强烈的责任感、过硬的专业知识、敏锐的洞察力,要能及时发现初一新生的思想变化,予以科学指导。

针对第一类学生,教师可利用表扬其进步的机会,善意地提醒骄傲的后果,事先敲敲警钟;如果还未引起学生的足够重视,就可以进行冷处理,给他机会和时间犯错,刺激其自悟,事后再抓住时机及时地耐心引导,帮其分析原因、提高认识,切忌盛气凌人、批评指责。应强化理想教育,让学生"看"到理想的未来;更要让学生明白,每个人要实现自己的理想,就必须勤学苦读,只有具

第三章 对教师、家长、学生的建议

备了扎实的知识和能力基础才能实现自己的既定目标,不能只凭兴趣学习,在实现理想的道路上徘徊不前。总之,教师要想方设法,使其将一时的兴趣转化为稳定的学习动机。

对于第二类学生,教师要及时地给予诚恳的帮助,并与家长沟通,重点对学习方法进行指导,鼓励自信心。指导他们合理地安排作息时间,学会对个人生活的自理,克服对老师、家长的依赖,强化独立生活意识、能力的培养,让他们感到中学不同于小学,但又有连续性,而不觉得难以适应,进而帮助他们较顺利地、不断地从不平衡向平衡过渡,尽快适应中学生活。这样他们会在以后的学习中表现出惊人的进步。教师在以后的教育教学中对这类学生应以这种引导方法为主。

对于第三类学生,教师更要做好思想工作,并努力使他们的学校生活张弛有度,切不可把他们"赶入"到"题海书山"之中,应设法让他们在紧张中感到宽松,在宽松中不忘学习重任。学习上要着重培养他们良好的学习习惯,如听讲习惯、记笔记习惯、思考习惯、完成作业习惯等等。这项工作是艰巨的,是需要教师倾注极大热情和耐心的。

4. 自我放松期

(1) 特点

期中考试以后,以上各类学生都会不断地暴露出自己的缺点和问题。这时有的教师会不知所措,觉得不可理解:入学时挺好的学生怎么变得不老实了?原来很不错的班级怎么忽然间有些乱哄哄了?没有经验的教师会急急忙忙地找这个学生谈话,或批评那个学生捣蛋,最后与学生关系紧张,甚至僵持不下。

(2) 分析

问卷调查显示:82.61%的学生在期中考试以后,已基本确定了自己在班级中的位置,即自我定位,完成了新角色的心理暗示。他们已摸清了老师的脾气,圈定了自己的社交范围,所以基本特点也相对稳定下来。心理学上把这种现象称之为适应性的消退性抑制阶段。这时他们的注意力会发生一些转移,这是正常现象。在心理学上还有一种"疲劳"现象,人们由于连续不断地处于学习、工作、生活的紧张中,就会造成效率下降。有些好学生出现问题,多数与这点有关。在这一时期,无论哪种学生都会出现一种放松的迹象,因此可称之为"自我放松期"。

第三章 对教师、家长、学生的建议

（3）指导方法

班主任和任课教师，首先要努力建立友好平等的师生关系，引导和鼓励学生的上进心，使学生"亲其师"而"信其道"。

其次，要充分了解学生这一阶段的心理特点，对学生提出的要求要切合实际、宽松适度，保证他们拥有足够的适应和调整的时间。

第三，可以充分利用这一时期，对学生进行细致的观察、调整、制订有个性的教育教学方案，根据学生的个别差异，进行分类的教育教学指导，一定会在今后的工作中取得事半功倍的效果。

第四，要注意开展丰富多彩的教育教学活动，为学生创造在感兴趣的活动中满足各种需要的条件，以达到活跃身心促进发展的目的。

最后，与家长密切联系，指导家长正确认识这一时期，并要求家长能够给学生提供必要的关心与帮助。

5. 适应稳定期

这一时期，学生大多已经适应初一的生活，开始把主要精力放在学习上，他们期待在期末考试中证明自己。这时，主要矛盾集中在学习方法和学习成绩上。无论是班主任，还是任课教师都要以鼓励为主，重点指导学习方法,使学生建立信心,以自信、快乐、满足的心态迎接期末考试。

期末考试结束后,还会出现新的波动,教师要及时鼓励学生,教会他们勇敢面对自己、认真总结经验,为新学期做好准备。同时教师要召开家长会,送交家长信进行家庭教育指导(指导内容见下文)。

(三)对小学毕业生(初一新生)家长的建议

在小升初阶段,家长要充分重视孩子在小初衔接中会出现的问题,对孩子加以科学的指导。

第一,帮助孩子认识到小升初的重要性和小学与初中在学习内容、学习方式上的不同。

第二,带孩子到几所中学去实地考察,形成对中学的感性认识,有条件的话,可以安排孩子与适应较好的中学生进行交流。

第三,督促孩子养成自觉、自主学习的习惯。如按时按量完成作业,做事有计划,能自主维持书包的整洁和使用方便等。

第四,培养孩子良好的生活习惯。如按时起床,早睡早起,能依据天气情况,每晚睡前准备好第二天的衣物等。

第三章　对教师、家长、学生的建议

第五,听从六年级教师的指导,对孩子进行心理疏导,不要盲目地施加思想压力。

而在小中过渡衔接中,最关键的是学生升入新学校之后的一学期。家长要根据孩子的现实情况和内在潜力来确定目标,对孩子不惯、不宠、不惩、不压,期望值实实在在。[①] 在工作和研究中,我们总结了一套新初一家教指导的经验,并把它以家长信的形式印发给家长,对本年级学生的顺利衔接过渡起到了重要作用。下面就是具体内容。

之一　初一新生入学家长应该做什么

初一新生家长:

您好!

您的孩子已经从小学步入了中学的校门,那么如何让孩子顺利适应初中生活,充分发挥潜力,把握人生第一个关键的教育阶段呢?

首先就要求家长有正确的认识和有力的教育引导,使学生顺利完成从小学到中学的过渡衔接。下面是我们在多年的教育教学中总结出来的经验,请家长认真阅

---

① 高雪梅.小初衔接问题研究[M].//北京市教育科学规划领导小组办公室.教育研究优秀论著:下卷.北京:京华出版社,2004:808.

读,务必做到。

问题一:中学比小学作息时间提早,每日 7:20 上课,孩子不适应。

策略:调整时间,养成早起早睡的习惯。

操作方法如下:

1. 提前一周,按上学时间叫孩子起床,并每天提醒孩子使用闹钟。

2. 提前 2~3 天,每天早上陪同孩子按上学时间和路线走一遍,习惯上学时间和路线。

问题二:中学上课时间长,内容多。每节课 45 分钟,每天上午 5 节,下午 3 节,还有午自习和其他活动,孩子会觉得头绪太多,难以应付,易产生疲倦或厌烦。

策略:调整心态,养成随时记录和分类的习惯。

操作方法如下:

1. 开学前一周,在调整作息时间前一天,与孩子严肃认真地谈一次话,使之做好心理准备。(有条件的话可举行一个小小的仪式)

谈话内容如下:

(1)真诚祝贺孩子步入中学校门——长大了!

(2)让孩子畅谈升入中学的理想。

(3)提示孩子将面临的"问题"(即本文所指出的三

个问题)并商讨解决方法,让孩子认可调整作息时间等做法的必要性。

(4)预祝孩子实现自己的理想,增强其信心。

2. 为孩子准备一个记事本,扉页写上家长的寄语,作为礼物送给孩子,并详细告诉孩子这个"宝贝"的用法。这个本子,可以帮助孩子对自己一天要做的事情心中有数,避免手忙脚乱、丢三落四。培养孩子学会计划自己的生活、从容应对的能力。

(1)记录老师要求带的东西,让做的事情。

(2)自己一天中应该做的事情计划。

(3)每天随身携带,随时使用。

3. 为孩子准备四个袋子一个夹子,作为礼物送给孩子并详细告诉他使用方法。这几个袋子,是要教给孩子如何处理复杂纷乱的事情,以便提高效率。

(1)"一个夹子"指可以用来存放试卷、A4 大小的多页夹,每天放在书包里,随时将老师发的卷子存放在里面,使书包干净整洁,查找快捷方便。

(2)"四个袋子"也可以是四个夹子,大小同上,放在家里,分别为语文、数学、英语、其他。每个袋子分装相应学科的资料,如卷子、小测试等,按顺序码放整齐。除语、数、外的东西放在"其他"袋子中。每日放学回家后都要把一天的东西分类放好,便于以后查找使用。

问题三:学生因考入××中学心理上有不满情绪或受打击的失落情绪。

策略:调整心态,面对现实,学会辩证地看问题。

操作方法如下:

1. 家长首先要改变这种不良情绪,否则孩子的这种情绪不可能扭转,即使他有能力学习好,也不会发挥出来的。

2. 告诉孩子以下几点:

(1)××中学是普通校,但却是普通校当中的佼佼者,中考成绩很优秀,有些单科成绩超过重点校。

(2)是金子在哪里都会发光,只要你自己是优秀的并积极进取,你就不会被埋没。

总之,让孩子在真正走入中学大门前,心理和习惯上做好充分的准备,对中学的生活充满期待和信心,是孩子成功完成小中学衔接的关键。希望家长紧紧抓住这个时机,帮助孩子完成迈向成功的第一步。

谢谢!

××中学

初一年级组

×年×月

之二 初一新生开学初家长应该注意什么

问题一:中学作息时间提早,课程时间长,易疲倦、厌烦。

策略:每天关注,养成习惯。

方法如下:

1. 提醒早睡早起,每天提醒第二天上学时间,睡前准备好第二天的衣服、用具。(看记事本)

2. 早晨除上闹钟外,家长还要叫醒孩子起床。

3. 家长务必给孩子做好早饭,让孩子吃好早饭再上学。

问题二:新环境,易产生焦虑。

策略:多关注,多倾听,适当指导。

方法如下:

1. 每天问孩子,"今天有什么开心的吗?""不开心的有什么?""有什么新鲜的?"要让孩子把心里话说出来,不要轻易批评,只是鼓励并指导解决生活难题即可。这样到初二时就会减少很多麻烦。

2. 家长千万不要埋怨学校、老师不好,易使孩子失去学习的信心。即使对老师的教育方法有不同看法,也不要告诉孩子,应与教师沟通。教师会乐于听取您的意见。

3. 家长发现问题,多向老师询问,寻求帮助。

问题三:学习内容增多,学习方法发生变化。

策略:鼓励为主,树立信心,教给孩子解决问题的方法。

方法如下:

1. 观察孩子的情绪、作业与考试成绩,及时发现孩子的漏洞,是学习方法不适应,还是有问题未解决(中学独立学习内容会更多,更注重自主学习和学习方法的指导,教学方法更加灵活)。

2. 帮助孩子认真分析问题的原因,找到解决的途径,千万不可置之不理,引导孩子形成坚韧的性格和遇到问题寻找解决途径的意识。

3. 及时与老师沟通,帮孩子度过难关。

问题四:初中的生活更加丰富,要求孩子做的事情会更多,有些孩子总忘事情。

策略:加强指导监督,促成良好习惯。

方法如下:

1. 每天领着孩子阅读记事本的内容,和他一起检查是否已经完成了每一件事。每查完一件勾掉一件,没完成的任务务必要监督其完成,直到所有记下的事情全都完成为止。

2. 家长要循序渐进,直到孩子能自己自觉使用记事

第三章 对教师、家长、学生的建议

本,不再丢三落四,形成良好习惯为止,方可完全放手。

3. 这个过程至少需坚持一个月,请家长务必耐心,坚持不懈。

问题五:有些孩子很聪明,家长期望很高,要求也很严,但小学成绩却一直不理想,到了中学充满信心,家长也认为是一个转机,但一开学老师就频频请家长,家长很是恼火,却束手无策。

策略:调整环境和教育方法。

方法如下:

1. 看看孩子学习和睡觉的房间是否有电脑、游戏机、漫画书等吸引孩子的玩具,建议将这些可能分散孩子注意力的东西移走,并限制其接触这些物品的时间。如每天完成学校任务后,在不影响睡眠的情形下,玩10~20分钟,周末一天一个小时。

2. 家长应仔细观察孩子的特点、脾气、习惯等,发现问题,找到问题的成因,与老师或专家研究适合孩子的教育方法,要有耐心,切忌急于求成或急躁放弃。

3. 放学后家长提醒并协助孩子每日整理分类袋子。

4. 指导孩子按时、认真完成作业。一开始家长要陪伴,一个月以后,慢慢放手让孩子自己去完成,家长每周要督促一次并及时予以鼓励,如"你真棒"、"你长大了"、

"自己做得相当不错"等,除此要具体指导出现问题的解决方法。

初一年级学生美术学具要求如下(开学第三周上课时必备):

为使您的孩子更好地在初中三年美术学习中得到审美素质的提高、绘画创造力的发展,现要求每位学生准备美术学具如下:

1. 铅笔:2B铅笔3～5枝;毛笔:大白云1枝,小白云1枝,叶筋小狼毫1枝。

2. 颜色:水粉笔1盒。

3. 调色盘1个。

4. 2B橡皮1个。

5. 涮笔小桶1个(自制)。

6. 不小于20厘米长尺一把。

7. 书画墨汁1瓶。

8. 刻刀,剪刀。

9. 大图画本1本。

根据每节课的课程安排自觉带好学具,教师课前会提示学生下节课带哪些学具,请家长督促检查。

感谢您的支持!

×× 中学

第三章　对教师、家长、学生的建议

初一年级全体教师

×年×月×日

之三　初一第一学期家长应该注意什么

问题一：在一段学习之后，学生会出现以下几种不同情况，家长要注意观察并予以指导帮助。

策略：多加关注，针对指导。

方法如下：

1. 有些学生在小学学习好，但到中学后极不适应，成绩明显下降。这一类学生很乖，一定是还不适应初中生活，尤其是不适应学习内容和方法的变化。建议家长多与其沟通，把这种现象告诉他，并鼓励他：多问老师，不要着急害怕，这是正常现象，但要继续努力，只需调整方法和心态，万不可沮丧放弃。

2. 有些学生小学学习不好，家长已很失望，认为上中学也没什么进步，就听之任之了。其实很多小学学习不好的学生，如果及时抓住初中这个关键时间不放弃，是会发生巨大的、令人鼓舞的变化的，关键是家长要改变教育方式，按老师的要求，多关注孩子，一定会有可喜的收获。

3. 有些孩子开学初会比小学进步大，但家长万不可掉以轻心，因为这些孩子适应性强却缺乏耐久性（因其以前的学习习惯不好,很难坚持)。请家长一定要在鼓励的同时关注其漏洞,及时指导,关注其可持续发展,使之形成长期而稳定的学习心理状态,始终保持优异成绩。

问题二:学生已入学一个月了,且月考已经结束,孩子成绩明显不如小学,如小学八九十分,现在只考七八十分,甚至六十多分。

策略:认真分析,抓住时机。

方法如下:

1. 明确考分的意义。中学学习内容增多,难度加深;考题更加注重对自觉、主动学习的成果和能力的考察。而小学内容相对较少,很多孩子习惯老师家长帮助下的学习,到了中学就有些手足无措了。学生由小学升入初中必然要跨越这道障碍。因此,家长不能一看到孩子的分数降低就感到心慌甚至不满,盲目地教训孩子,要明确考试分数的意义。

2. 科学地看待考试。

(1)看孩子的成绩与班级平均分(包括总平均分和各科平均分,以下同)的差距,如果高于平均分,表明孩子的水平居于全班同学的上游水平,反之处于本班下游水平。

(2)看孩子在年级的名次和与年级平均分的差距,

表明他在这一年级的水平。

(3)看孩子每次年级名次变化的情况,及时了解孩子学习的漏洞,予以针对性的帮助。

3. 主动询问孩子考试情况,争取孩子的信任,鼓励其信心,让孩子知道您的爱。

(1)称赞孩子在学业上取得的显著进步。

(2)指出还在哪些方面没有尽最大努力。

(3)帮助孩子改正某些不良学习习惯。

如对孩子说,"我知道你很努力,不管你考得如何都要告诉我,我们一起来分析问题,总结经验教训";告诉孩子这是过渡期必定产生的问题,若抓住时机及时纠正,是可以改变的。

4. 如果孩子成绩不好,应与孩子一起认真分析问题找原因(一科一科地分析),可问以下问题寻找症结。

• 你对自己的成绩感到满意吗?哪些方面?

• 中学学习、考试与小学有何异同?

• 你认为还可以在哪些方面得到提高?

例如:

(1)纪律。

(2)学习习惯。

(3)适应新环境。

(4)自觉主动。

•你觉得要想使自己的成绩得到提高,必须如何作出自己最大的努力?

找到症结后,家长要针对问题,帮助孩子想办法解决,促成其抓住时机改变。家长一定要大力支持孩子。

5. 如果孩子成绩很好,要引导孩子总结经验。让孩子明确是下面哪些因素使他获益的,达到正强化的目的,促成孩子抓住时机想办法把自己的长处变为稳定的学习品质。

(1)认真听讲,记笔记。

(2)认真独立完成作业。

(3)有问题及时找同学、老师解决。

(4)喜欢学习了。

(5)听老师的话。

问题三:您的孩子学习很努力,老师也经常表扬,可他的成绩却比以前降了很多,这是怎么了?

策略:仔细观察,找到症结。

方法如下:

平时不要单纯追求分数,当出现出乎意料的成绩时,不要着急责备孩子;当您无法从学习方法、学习内容上找到原因时,要注意孩子的交往情况。他(她)可能没

第三章　对教师、家长、学生的建议

有找到自己的好朋友。这是个令人难堪的问题,是让孩子感到难以启齿的。细心的家长可以问孩子以下几个问题,并从中得到准确地判断:你们班谁最有意思?谁与你合得来?你经常和谁在一起?他给你打过电话吗?你不喜欢哪些行为?谁有这些行为?

当家长已经确认孩子的交往出现问题时,就可以给予孩子帮助了。首先探知孩子的交友方式,如果那是不恰当的方式,就要告诉他该怎么办;其次,为孩子创设交友的条件,如主动提出让孩子约一些同学到家里来,以便增进了解。当然,方式有很多,重要的是教给孩子正当的交友方式。这是孩子将来在社会生存的一种能力。

问题四:经过一段中学生活,有的孩子会松散,胆子也大了。

策略:咬定青山不放松,以不变应万变。

方法如下:

1. 充分认识这是孩子成长过程中的必然现象。

2. 经常与孩子沟通、交流,密切关注其思想和行为上的动向,适时点拨指导并及时与老师沟通。

行为出现偏差的预兆有以下几方面:

• 热衷奇装异服,在书包、校服、学习用品上涂鸦,发型怪异。

- 上学时，书包内不放书本或作业，放的都是梳子、镜子、杂志等娱乐用品。
- 作业、成绩单、通知单等均不交给家长，经常借口没有作业或作业已经完成而去玩耍。
- 迟到、早退、旷课次数增加，违反校规、校纪次数频繁。
- 突然变得消沉，情绪不稳定，易怒，常与人冲突。
- 无缘无故地出现精神萎靡、双眼无神、脸色泛白、昏昏欲睡现象。
- 回家时间很晚或借口在朋友家留宿。放假后，常与不明人物联系，想外出。
- 时常光顾游乐场所，染患恶习，要求家长增加零花钱。
- 突然增加许多物品而借口是同学寄放的。
- 学习成绩急剧下降，在家少言寡语。
- 经常无故破坏公物。

3. 对于孩子的点滴进步要及时鼓励，对孩子的问题要找到针对方法解决，不可放任自流。

问题五：有些孩子面对考试成绩有些沮丧、失落。

策略：真诚关注，给予希望。

1. 帮助孩子明白中学的分数价值与小学不同（相关

第三章 对教师、家长、学生的建议

内容见问题一）。小学有时候是靠反复练习,而死记硬背或临时抱佛脚的学习方法在中学却行不通了。

2. 告诉孩子这是过渡时期必然出现的问题,不必担心害怕。调整心态,找出问题所在是可以改变现状的。学习好不是一蹴而就的,需要不断总结经验教训。只要能认真分析问题、解决问题并持之以恒,就一定能提高学习成绩。

3. 再按照"问题一"的方法去切实帮助孩子树立信心。

注:在对孩子的教育过程中,切忌放任自流或急功近利,要科学地、智慧地教育孩子。我们应当成为孩子和蔼的长者,亲切的朋友和冷静的教育者。

下一阶段安排:

1. ×月×日,运动会。

2. ×月×日,期中考试。

3. ×月×日,月考。

4. ×月×日,期末考试。

感谢家长的支持!

××中学

初一年级组全体教师

×年×月

之四 初一第一学期家长应该注意什么

（寒假篇）

各位家长：

您好！

您的孩子已经在××中学学习生活了一个学期，他已基本完成了从小学到初中的过渡。中学的第一个假期也已到来。如何引导孩子过好这个假期呢？我们建议您做以下几项工作：

第一，试卷发下来后，与孩子共同研究期末考卷的问题，将出现错误的地方弄懂、弄会，为下学期扫除障碍。千万不要在得分上纠缠不清。期末考试的内容均是主干知识，都与将来中考有紧密关系。

第二，放假前一天晚上，按照假期作业及相关要求，与孩子共同商议假期计划安排。计划由孩子自己设计版面，用 A4 纸写下来，也可打印（开学展示）。要完成以下几个内容。

• 每天起床和睡觉时间。

• 每天游戏的时间，从几点到几点。

• 每天做作业的时间，从几点到几点。

• 春节从哪天到哪天可以不做作业，安排哪些活动。

第三章　对教师、家长、学生的建议

以上内容,要让孩子写在作业纸上,孩子和家长都要签字确认。家长要每天检查孩子完成计划的情况。开学前一天请家长在这份计划后面写上对孩子完成情况的评价,开学后让孩子交给班主任。

第三,对孩子进行各种安全教育,教给孩子正确处理突发情况,会打相应的求助电话。

第四,孩子上网时,家长要做相应的监督,指导孩子上安全的适合的网页。

第五,请家长每天督促孩子认真完成作业,并每天检查签字。这些作业(包括体育)是我们开学考试的内容,也是初中主干知识。

第六,放假第一周内,与孩子诚恳交流,指导孩子总结这一学期来的经验与教训,使孩子能够正确认识自我,为下学期学习生活做好思想准备。

下面是教育家苏霍姆林斯基的一句名言:"如用几句话来表达家庭教育的全部精华,那就是要使我们的孩子成为坚定的人,能严格要求自己。我在这里似乎有点夸张地说,若请他参加婚礼,即使那里所有的人都喝成醉鬼,他母亲相信自己的孩子会清醒地回家。"

我们希望能与您共勉,使我们的孩子成为坚定的人。

衷心感谢您对孩子的关心爱护！衷心感谢您对我们工作的大力支持、配合！

祝新春愉快！

××中学

初一年级组全体教师

2008年1月

（四）对小学毕业生的建议

升入六年级意味着将要离开生活了6年的母校。多少欢乐，多少留恋，让你们难以忘怀。在这里，你们从一个不懂事的娃娃，成长为一个有礼貌、有知识的少年；在这里，你们结识了一个个朋友，凝结下深厚的友谊；在这里，你们记住了一位位老师，建立了温馨的师生之情。但一切都将过去，你们沉浸在离别的伤感和不安中。

现在，学习更加紧张，老师要求更加严格，家长还时常会把升中学的话题摆在你的面前。你感到以前从未有过的压力。"中学是什么样子？""上了中学是不是压力更大？""我将升入哪所中学？"这些问题也会不断地跳出来，扰乱你的心绪。

不过，不要忧虑，不要心焦。这是成长中必然的经历，每个人都是一样的。你们每一个人，还有我们——

第三章 对教师、家长、学生的建议

你们的老师和家长。如果你感到心里不舒服,就找朋友聊一聊,也不妨问问周围大人他们当初是怎样的。相信你一定会快乐起来的。你如果想了解中学是什么样子,不妨和家长一起到中学去看看,还可以与中学的学生聊一聊,问问你想知道的问题。

这个阶段,正是总复习的时候,老师会带领你们把小学的重要知识再巩固一遍。千万不要以为这是简单的重复,而掉以轻心。其实,这是你把小学的知识整体把握综合运用的过程,是积累知识、提高能力的关键环节,也是你能顺利学习初中知识的基础。这个时候,你要做的就是听老师的话,上课认真听讲,课后自觉完成作业,不会的地方一定要找老师问明白,不放过任何一个漏洞。如果你能够充分利用这个环节,就一定会有一个飞跃。

在小学,你们是最高年级的学生,肯定很多人会产生"我的生活,我做主"的念头。一些人还会嫌老师管得严,烦家长管得多。可爱的孩子,我要恭喜你——你要长大了!但是,当你想自己单独行动时,你是否向家长或老师解释了你的计划,使他们真正信任你有自主的能力——你的计划应当是可行的、安全的。要争取成年人的信任,最重要的是把自己该做的事做好,这就是学习,要自觉、主动、有进步。生活上还要学会自理,如按时起床,书包内整洁,用具齐全,每天睡前能根据天气和场合准备好衣物,合理安排学习和玩耍的时间,有自制力。

总之,要想成为一个合格的中学生,就要先做好一个小学毕业生。

(五)对初一新生的建议

祝贺你,跨入了人生的一个新的阶段。进入中学,你将学到更多学科、更多专业方面的知识;你将完成从少年到青年的蝶变,变得更加成熟有魅力;你的能力也将迅速提高,变得更加会思考、会做事。

走入一个全新的世界,既兴奋又忧虑,兴奋的是面临一个挑战;忧虑的是自己有些不知所措。

你升入初中之后,可能会觉得班主任露面太少,没有主心骨;老师太多认不清楚;一天到晚忙忙碌碌,却忙不完。因为中学需要更多的是自主管理、自觉学习,学科更专门化。你应当尽快适应这样的生活。这时你要做的就是"听老师的话"!

班主任会一点点地告诉你怎样才能做到自觉,如认真学习《中学生守则》、校规校纪,记住与小学不一样的地方,并要认真执行。当自己不知道做得对不对时,可

第三章 对教师、家长、学生的建议

以向老师请教，也可以想想这件事是不是可以告诉家长或老师，不能说的，就不要做，因为它很有可能是不妥当的。你要做好自己的工作，还要服从班干部的管理，这是一个班集体的秩序。

各科任课教师会传授给你一些专业知识，还会教给你学习这一门功课的方法，你要努力找到与小学知识相通的地方，这样学起来可能会容易些，如果实在找不到，就要静下心来，一点一点学会，问老师、问同学、自己看书都可以，绝不可以不了了之，留下漏洞。如果你有哪一门学科总是掌握不好，找这一学科的佼佼者或老师去请教一下方法，或许会有"柳暗花明又一村"的意外收获。

如果你觉得在新学校很难找到好朋友，一定要对你的父母、对你喜欢的老师说出来，请他们给你一些建议。你自己也要加油！一个人怎么可能三年生活在没有朋友的环境中呢？一是趁环境变化时机，改变自己结交同伴，以性格脾气为标准的习惯，学习、锻炼和其他不同性格、脾气的人交往；二是趁开学课业少的时机，改变结交同伴的心态，多参加各类班集体活动，在活动中发现同学的优势和特长，培养、锻炼自己虚心的心态；三是趁参加各种活动的机会，承担各种活动角色，丰富自己对不同角色的体验，学会从他人立场说话、做事、想问题；四是学习说话交谈的礼节,以礼待人。①

升入中学,你会觉得自己长大了,有本事了,可能会产生"我的生活,我做主"的念头。但是,当你想自己单独行动时,你是否向家长或老师解释了你的计划,使他们真正信任你有自主的能力——你的计划应当是可行的、安全的。要争取成年人的信任,最重要的是把自己该做的事做好,这就是学习,要自觉、主动、有进步。生活上还要学会自理,如按时起床,书包内整洁,用具齐全,每天睡前能根据天气和场合准备好衣物,合理安排学习和玩耍的时间,有自制力。

总之,要想成为合格的中学生,就要努力做到自觉、自主,勇于克服困难,有持之以恒的精神。

---

① 邵博学.小初衔接期孩子如何交往[J].家庭教育(中小学家长),2006,(9):34—35.

三、初高中衔接

(一) 对初三老师的建议

1. 心理方面

初中学生,一到初三特别是初三下学期,情绪极不稳定,整天都处于一种浮躁不安的状态之中,这是因为,他们都面临一个实在的问题,即人生的第一次选择——中考。

在这一年里,他们既要接受新的知识,又要复习旧的知识,每天有做不完的作业,还要面对各科数不尽的考试以及体能的锻炼、测试与达标。这对于十四五岁的学生,特别是从未吃过苦的独生子女来说,如果没有充分的心理准备,没有足够的承受能力,那么产生浮躁的心理也就是必然的了。

学生的表现是,有良好的学习愿望却没有实际的行动,看似紧张,实则忙而无序。他们缺少主动积极的学习热情。如何稳定学生的情绪,因势利导搞好学生的毕业和升学工作？不妨从以下三个方面来尝试：

(1) 制定适度的目标，规范学生的行为

目标，是学生学习所要达到的目的地，它很重要且又要适度。在制定目标时，切忌好高骛远，但也不能低估自己。定得过高了可望而不可即，就会产生自卑心理，降低推动学习的热情；定得过低了非但不能进步，还将产生不良的后果。因此，制定的目标须看得见、够得着，才能产生实效，达到制定目标的目的。

目标制定了，重要的是要付诸行动，"一打纲领抵不了一步行动"。这就需要老师随时提醒和督促学生用制定的目标来约束自己的思想行为，事事处处都得朝着这个目标去努力去奋斗，这样才能使学生规范行为，明确方向，安排健康的学习生活，浮躁的心理便会趋于平静。

(2) 做耐心细致的思想工作，调动学生学习的积极性

初三学生的思想处于不成熟阶段，他们往往被身边的环境和社会影响着。初中生的可塑性很大，周围人的思想情绪、衣着打扮、爱好志趣、考试成绩、日常行为，都是他们非常关注的敏感问题。如果不及时引导，那么，放任自流的有，听之任之的有，互相仿效的有，破罐破摔的也有，后果将不堪设想。由此，教师必须理智地面对，找出切实可行的办法，有针对性地解决问题。

耐心细致的工作态度是有效的途径之一。

(3)审时度势,通力合作,客观正确地对待学生

班主任教师要主动走近和亲近学生,对不同层次的学生要采取相适应和可接受的方式与他们谈心,该肯定的肯定,该鼓励的鼓励,该矫正的矫正。教师还应真诚地对待学生,更多地将自己温暖的心贴近那些心灵孤寂和悲观的学生,让他们从心里升腾起一种希望、一种力量,帮助他们走好人生的重要一步。

班主任教师还应配合家长做好学生的工作。孩子的思想、性格、品质家长是最知晓的,因此应正确评估自己的孩子,实事求是,少些埋怨和责骂,多些关爱和理解。孩子会从心里感动,从而努力学习。

班主任还要经常向科任教师通报学生的思想和学习的动向,使科任教师正确把握学生的现状,协助班主任消除学生的思想障碍,合理安排和调整教学工作,设置科学的教学程序,因材施教。

(4)切实进行素质教育

到了初三,有些教师片面追求升学率,只顾督促学生进行书本学习,不重视培养他们的能力素质和思想心理素质。过分强调学生的学习分数,造成学生高分低能,学习目的不明确,态度不端正,理想信念模糊,道德

观念淡漠,集体观念缺乏,思维方法僵化,实践能力差,创新意识不强。

教师要更新教育观念,注重学生思想品行素质、科学文化素质、身体素质、心理素质的全面发展,营造积极向上的校园文化氛围。学校可以利用网络资源,在学校网站上开辟"老师,我想对你说"、"悄悄话"等专栏,让学生将不愉快的感受或困惑尽情地倾诉出来,丰富学生有关心理方面的知识,使他们愉快地学习和生活,健康成长。

2. 教学方面

(1)研究教材,抚平台阶

首先,初中教材内容通俗具体,题型少而简单,而高中教学内容大多较为抽象,内容较多,且注重理论分析,这与初中相比增加了难度;其次,虽然近几年初、高中教材都降低了难度,但由于受高考的限制,高中教学难度并没有降低。因此,从一定意义上讲,调整后的教材不但没有缩小初、高中教材内容的难度差距,反而加大了难度差距。所以初中各学科教师要仔细研究初、高中教材,特别要重视相关知识点的讲解。

(2)研究教法,培养能力

初中教师在教学过程中应注重培养学生一些必要

第三章 对教师、家长、学生的建议

的学习能力。

①创设问题情景,揭示知识形成。在知识的讲授过程中,不仅要让学生知其然,更应让学生知其所以然。这就要求教师在教学中,注意创设问题情境,充分发挥直观表象的作用,帮助学生把研究对象从复杂的背景中分离出来,突出知识的本质特点,讲清知识的来龙去脉,揭示新知识的提出过程,问题的探求过程,解题方法和规律的概括过程,使学生对所学知识理解得更加深刻。

②加强阅读指导,培养自学习惯和能力。高中许多知识仅凭课堂上听懂是远远不够的,还需要认真消化。这就要求学生从小培养阅读分析能力和自学理解能力。因此,教师要有意识地指导学生阅读课本,通过编拟阅读提纲帮助学生理解和掌握概念。对于某些简单章节,可采取组织阅读讨论、教师点拨的方式进行,以培养学生的自学能力、理解能力以及独立钻研问题的良好习惯。

③做好总结反思,培养探索能力。在初、高中教学的衔接中,教师应引导学生做好章节小结,让学生自行编织知识网络,使知识更加系统化。此外,还应帮助学生做好题后反思,即在解答完一个问题后,引导学生考虑有无其他解法,有无规律可循,试着改变一下条件或

结论,以探索论证新命题是否正确。长此以往,可使学生做到举一反三、触类旁通,同时也培养了学生思维的科学性与创造性。

④重视教学过程,培养思维能力。学生的思维能力,是知识转化为解决问题能力的桥梁。为提高学生的能力,培养和锻炼学生思维的灵活性、敏捷性和创造性,教师在教学过程中应重视让学生显示其思维过程,因为思路往往比结论更重要。只有学会思考,学生才能掌握获取知识的本领。

⑤加强学法指导,培养学习习惯。在初中,教师讲解细致,类型归纳全面。考试时,学生只要记准概念及教师所讲例题,一般均可对号入座取得好成绩。因此,学生习惯于围着教师转,不注重独立思考和归纳、总结规律。到了高中,由于内容多时间少,教师不可能把知识应用形式和题型讲全讲细,只能选讲一些具有典型性的题目,以落实"三基"、培养能力。因此,在初中教学中,教师应要求学生勤于思考,善于归纳总结规律,做到举一反三、触类旁通。同时,要求学生抓好预习、听课、消化整理、巩固几个环节,对每一个问题都要独立思考。另外,还应加强个别指导,在学生遭遇学习挫折后要引导他们正确归因,帮助他们找出症结,以利于学生形成

良好的学法,提高学习质量。

⑥注重学生特点,结合心理教学。做错事或者学习成绩不好的学生,往往心理压力较大,自卑自责,不知所措。这时,他最需要的是帮助、安慰。而我们有部分老师为了给学生以教训,往往采取比较严厉的批评方式。这种教育方法会让学生丧失信心,不再努力,甚至反叛。此时我们老师要采取明智宽容的态度。比如在考得较差的学生面前,不能让学生泄气,要鼓励学生,让他感觉到老师对他的能力和水平深信不移。要让他知道人生的道路不可能一帆风顺,失败是常有的,并帮助他分析原因,克服困难。

(二)对高一老师的建议

1. 总体建议

(1)了解新生的心理需求与实际矛盾

高一学生的心理需求与实际矛盾大致有以下几个方面:

①渴望得到承认。学习上希望能领先,但发现比自己优秀的同学很多;同学关系上希望能得到认可,但总觉得自己不会处理人际关系;渴望得到老师的肯定,但又觉得自己一无是处,于是处处小心,步步留意,唯恐出

错,以至疑神疑鬼,导致恶性循环。

②渴望得到理解。得到老师的理解,得到同学的理解,得到家长的理解。但自己又把自己封闭起来,不愿轻易吐露心声,戒备心强,或者自私、任性,对自己松对他人严,以致心理不平衡,导致愿望与结果大相径庭,影响心理的健康发展。

③渴望表现自己。想改变以往的形象,想打破以往的生活模式,想重塑一个崭新的理想的自我,表现欲望猛增,但内心的羞涩、顾虑又使他们望而却步,遗憾、后悔、自责使年轻的心倍感沉重,严重的可导致精神抑郁症。

(2)帮助学生树立信心

①教会学生正确评价自己。要告诉学生"避己之短,扬己之长",善于发掘和发展自己的优势。

②给学生一些表现自我的机会。"表现欲"是这个年龄段的突出表现,尤其是男同学,不妨让每一个学生都负责班级的一项工作,哪怕是负责保管劳动工具、负责开灯关灯等小事情。目的是使他们感受到自己对班级有用,老师信任自己,从而内心滋长一种积极向上的力量。

③正确对待挫折。应教育学生持以平常之心,对问

第三章 对教师、家长、学生的建议

题进行冷静分析,从主客观、目标、环境、条件等方面找到受挫折原因,并采取积极有效的补救措施,化压力为动力,化不利为有利。另外还要鼓励学生保持自信和乐观的态度,学会安慰自己。

(3)溶入亲情,建立其乐融融的大家庭

班级是一个大家庭,班主任是这一特殊家庭的家长。"家庭成员"的言行同"家长"的思想作风密不可分,同"家长"对其成员的态度紧密相关。老师的爱与尊重是照亮学生心灵窗户的盏盏烛光。

怎样去爱学生呢?

首先,了解他们。了解他们的爱好,了解他们的个性特点,了解他们的精神需求。

其次,要公平对待所有学生。公正,这是学生信赖教师的前提。教师要善于控制自己的情感,不能对好学生偏爱,对差生另眼相待。

再次,要尊重他们的人格。只有尊重学生,才能感化学生。把学生看成自己的孩子,想他们所想,急他们所急,与他们一起欢笑,同他们一起忧伤,只有这样才能真正走进学生的心灵,"心有灵犀一点通"。

(4)根据高一学生心理特征,采取相应班级德育对策

班主任要协调各学科的教师,形成合力,在传授知

识的同时教会学生怎样做人,着眼于学生的终身发展。注重培养学生的健康心理,激发学生的学习兴趣,使学生掌握科学的思维方法,在不断学习和思考中发现自己的价值,成为一个全面发展、心理健康、品格优良的人。

高一学生由于所处的具体环境、所受的教育以及生活经历不同,他们的心理又表现出各自的特征。这就要求班主任对学生进行思想教育时不可"公式化"和"一刀切",而应该做到"一把钥匙开一把锁",如对意志品质不稳定的学生要善于发现其闪光点,及时表扬。对优秀学生多采取挫折教育,以便巩固优点,不断发展。充分利用学生中的热点、焦点问题,因势利导、扬长避短,促进学生个性健康发展。

2. 教育原则

(1)端正态度是根本

教育学家鲍比·迪波特在《定量学习》中提到:"在学习方面你的最有价值的财富是一种积极的态度。"教育家朱永新把人的态度分为六个维度:对待未来、对待工作、对待社会、对待学习、对待他人、对待自己。高一不少学生心理成长与生理成长并不协调,他们对面临的新变化无所适从,容易产生消极情绪,多愁善感,颓废空虚,自我封闭,整天无所事事。教育工作者的首要任务就是帮助学生形成和巩固乐观向上的人生态度,变被动学习、消极应对为主动学习、积极探索,让他们成为自己学习、生活的主人。

(2)培养习惯是核心

高中阶段学生仍然处在习惯的形成过程中。由初中老师"押"着走,过渡到高中老师"搀"着走,有些学生一时还很难适应,很难把握好自己。这也就需要帮助他们从控制活动时间和活动空间等方面来约束和规范自己的行为,让他们养成一心向学、专心致志的习惯,把时间和精力集中到高中的主目标上来;让他们养成严格执行学习计划的习惯,努力提高学习的效率和质量,尽快远离坏习惯,让好习惯伴随终生。

(3)激发兴趣是基础

教育改革家魏书生说:"兴趣像柴,既可点燃,也可捣毁。"高中学习同样需要兴趣,教师的一个重要职责就是引发学生的学习兴趣。十次说教不如给学生一次表扬,十次表扬不如给学生一次成功。每个刚进高中的学生都希望学有进步和获得成功,老师不能拿高考的要求和高考的试题直接应对高一新生。

(4)调适心理是保证

进入高中几个月甚至更短的时间,不少同学开始出现焦虑心理,主要表现为:情绪不稳定,学习积极性不高,虽然时间投入不少,但学习效果不佳;情绪烦躁,易激动,但又无奈;吃饭无味,睡眠质量不高;对任何事情都是被动接受,兴趣不高。长期生活在父母包办氛围中的学生,生活自理能力、人际交往能力并未随着年龄的增长而发展。各方面的不适应给学生带来新的烦恼。过去人们一直认为成绩差的学生问题多,其实重点中学学生有心理问题的在同龄人群中所占的比例更大。他们中大多数人失去了学业的相对优势,自尊心和自信心易受损害,需要老师和家长更多关心和指导。

(5)教会学法是前提

学会提问题和思考问题,是学习成功的关键。初中往往是老师对同学提问题,引发同学来思考,而高中则要求学生学会自己发现问题,并能独立思考问题,要将"以老师为中心"的学习模式转变为"以自己为主体,老师为主导"的学习模式。老师要帮助学生形成具有个性特色的学法,学会反思,学习才会更有效,才会成为学生终身受用的财富。

3. 给班主任的建议

(1)立好规矩,开好头

对于新生来说,由于他们是第一次在高中新集体中生活,就应该有新的规章制度来统一规范他的学习、生活习惯。规矩的建立,不能只凭班主任的主观臆断、闭门造车,必须在充分了解本班学生实际情况的基础上,广泛听取班干部、学生、科任老师的意见。结合学校的管理条例,然后请班干部针对自己所管的方面制订一些措施,然后逐条让全班同学讨论,老师补充成文。这样制订出来的班规可行性和操作性较强,管理也能到位,能真正做到行之有规、有规必行、有规必止,让学生在很短的时间内规范自己的言行,养成良好的习惯。

(2)注意抓住良机进行感情投资

高一新生刚入校时,对一切都充满新鲜感,同时又对学校、老师充满好奇。他们第一个想知道的就是自己的班主任是谁,他(她)是一个怎样的老师,而且这时他们会留心观察班主任的每一个动作、每一个眼神、每一种表情,会细心倾听班主任的每一句话。这时也正是班主任进行感情投资的最佳时机。

(3)以人格魅力去感染学生

班主任要不断完善自己,一方面要精神焕发,以自然和谐的美给学生留下美好印象,要具有广博的知识,在课堂和课后以智慧去获得学生的信任;另一方面要为人师表,言行一致,以高尚的道德、良好的个性教育学生,做到以德感人、以德服人、以德育人,善于利用生活中的细节,以人格的力量去感染学生,赢得学生的尊敬。

(4)鼓励与批评相结合,善于用爱去鼓励学生

由于每个学生的家庭环境、社会环境、自身的心理品质和基础不同等方面的影响,学生中存在较大的差异。教师要正视学生中的差异。对待问题学生要从关爱的心态出发,晓之以理,动之以情,用人格力量去感化他们。

批评学生要慎用批评用语,要讲究语言艺术,要处处顾及学生的自尊,使学生产生亲切感、信任感,愿意与你作心灵的交流,这样才能使学生从思想深处认识错误,改正错误,切实有效地发挥批评的作用。我们也应清楚,教师好的动机,如果通过不恰当的批评方式,也不一定能变成美好的现实,过多的批评只能打击学生的积极性,挫伤学生的自尊心。当学生表现出良好的言行时,教师就及时给予鼓励;即使学生表现出不当的言行,教师也应竭力淡化学生的问题,甚至通过寻找学生身上的亮点来缓释他们精神上的压力。

鼓励学生的好处充分体现为它能给学生奋发向上的动力,培养学生的自信心。学会适时鼓励学生首要的一点也是最重要的一点就是深入透彻了解学生,然后才

能有针对性、有实效性地鼓励学生;其次,鼓励学生学习时应着重于他该干什么,着重于学生行动后的自我满足感。后进生一般都有表现自己的愿望,我们应常在后进生身上寻找闪光点,创造条件通过各种方式给后进生以表现的机会。

(5)要做到"三勤"

在班级工作中,特别是新接班级工作中,班主任老师要做到"三勤",即脚勤、嘴勤、眼勤。脚勤就是要经常走到班级同学中去,到学生的宿舍去,常与宿舍管理员交流,多与学生接触。在开始习惯还未养成时,要多跟班进行督促检查;眼勤,就是要经常去观察同学们的情况,留心他们身上细微的变化,以便及时掌握第一手材料;嘴勤,就是要多找学生谈心,了解他们的内心世界,多与家长沟通,掌握学生在家的情况,知道他们的家庭背景,这样对学生的教育就能收到事半功倍的效果。

(三)对初中毕业生家长的建议

1. 当前初中毕业生升学选择误区的原因及对策分析

(1)误区及原因分析

我国目前高中阶段的教育基本实行的是普通教育和职业教育并列的"双轨制"。选择何种类型的学校,与初中毕业生及其家长对不同类型学校的认识有很大关系。只有正确的认识才能产生科学的选择。然而,当前在许多初中毕业生及其家长当中存在着相当大的认识误区,即认为只有读普高、上大学才是最理想的,才是最佳选择;上中等职业学校则注定低人一等,毫无前途可言,只能是一种退而求其次的无奈选择。

产生上述认识误区的原因是多方面的,归纳起来,主要有以下几点:

第一,人们的教育需求在不断上移。人们生活水平的上升、教育普及程度的提高和独生子女政策的实施,使越来越多的家长希望自己的子女能够上大学,将来成为高级专门人才。同时,学生本人的学历期望也高得惊人。另外,随着我国经济体制改革的不断深化,"体脑倒挂"的现象也在逐渐消失,学历高低直接影响着个人经济收益的高低,这进一步强化了人们对高等教育的追求。

第二,高校扩招政策的负面影响。高校扩招有力地促进了高等教育事业的发展,但也带来了一些负面影响,其中之一就是"普高热"过度升温。

第三,社会上存在着鄙视职业技术教育的现象。不同的文化传统影响着不同国家的居民对职业技术教育的态度。在美国,实用主义盛行,由此决定了他们对职业技术教育的认同;德国人对理性的崇拜造就了其发达的职业技术教育;而在中国,受"学而优则仕"、"劳心者治人,劳力者治于人"等儒家文化的影响,人们对强调动手能力的职业技术教育,普遍存在着鄙视的态度。即使在21世纪的今天,这种观念依然根深蒂固。

第四,出于就业方面的考虑。随着产业结构的调整,我国劳动力需求结构发生了明显的变化,国有企业吸纳劳动力的能力减少,同时,科技的发展与普及对从业人员提出了更高的要求。近几年来,我国中等职业教育虽有较大发展,但相对社会经济发展步伐,仍有些滞后,特别是教育质量尚不尽如人意,这在一定程度上给中等职业学校的学生就业造成了困难。而上普高、读大学,拥有一纸大学文凭,就业就相对容易得多。

(2)对策

引导初中毕业生家长走出升学选择误区,一方面需要大力发展中等职业技术教育,提高其教育质量和社会地位;另一方面也是当前更为重要的方面,是要帮助广大初中毕业生家长转变观念,以科学、理智的态度对待升学选择。

①上普高、读大学并非人人的最佳选择。首先,从

我国国情来看，我国的经济发展实际上仍处于工业化阶段，不同行业、企业的技术装备水平、产品的技术含量、生产组织方式、自动化机械化程度都很不相同，因此，社会主义现代化建设不但需要高级科学技术专家，而且迫切需要千百万受过良好职业教育的中、初级技术人员、管理人员、技工和其他受过良好职业培训的城乡劳动者。

其次，从人的个性差异来看，并非人人都适合走上大学、成为高级专门人才这条成才之路。一个人能不能上大学，不仅受个人家庭经济状况、生活环境、父母的文化程度等外界因素的影响，同时受个人智慧程度、兴趣特长等内在因素的影响。成才的道路有很多种，对于那些在某方面有特长且对上大学不感兴趣的学生来说，帮助他们选择与其特长相关的专业去读中等职业学校，将更有利于其潜能的发挥，个人成才也会更快更容易。

再次，我国高等教育资源供给还相当有限，无法满足多数人对高等教育的需求。因此，尽管高校一再扩招，但"千军万马过独木桥"的激烈高考竞争依然存在。所以，那些孩子成绩处于中下水平的家长们一定要三思，眼睛不要只盯着普通高中。

②读中等职业学校依然大有前途。我国还处于社

第三章　对教师、家长、学生的建议

会主义初级阶段,经济还处于欠发达时期,社会的产业结构对人力资源的质量要求相对不高,社会需要的人力资源结构重心低,因此在相当长的时期内,初、中级人才在我国仍然存在着巨大的需求。现阶段,我国无论是技术工人的队伍数量,还是技术工人的队伍素质,都与现代化建设的要求相距甚远,普通劳动者的素质偏低,已成为严重制约我国技术应用能力和经济竞争力的瓶颈。毫无疑问,21世纪职业学校培养出来的各级各类具有较高素质的毕业生将成为我国普通企业乃至高新技术企业劳动者的主体,将为推动我国经济和社会发展作出巨大贡献。

③中职生在人才市场上有其独特优势。目前,随着大学生人数的逐年增多,出现了大学生就业难的现象。究其原因,一方面是由于我国经济正处于转型时期,高等教育的发展未能及时适应经济结构的调整而产生结构性失衡,致使部分专业的大学生就业困难;另一方面,是因为一些大学生择业时不能准确定位,过分追求优厚待遇,同时社会用人方面也存在着不合理的做法。另外,大学生委屈身价去做中专生的工作,一般安不下心来,工作效率较低。相比之下,中专生不仅容易安心于本职工作,而且具有较强的动手能力和较低的用人成

本,这是眼高手低的大学生们所不具备的优势。随着中国经济的发展,企业之间的竞争加剧,这种"人才高消费"的现象不可能维持下去,用人单位的招聘行为将会趋于理性化,不再盲目攀比人才层次。

④要考虑教育投资收益率及投资风险。目前,在我国非义务教育阶段,正逐步实施教育成本个人分担制度,越来越多的人认识到教育不再是不花钱的福利事业,而是一种对未来的投资。既然教育成为个人的一种投资行为,相应地,在决定受何种类型和程度的教育时,要考虑教育投资收益率及投资风险的问题。

一般认为,大学毕业生的终生收入总是高于中等职业学校的毕业生。从绝对量上说,这种观点有一定道理。但从教育投资收益率的角度讲,在我国,上大学并不比上中等职业学校有多少明显的优势。从理论上解释,发展中国家三级教育收益率依次降低,即大学教育收益率低于中学教育,中学教育收益率低于小学教育。我国也不例外;从现实的角度讲,成绩平平且家庭支付能力有限的初中毕业生,与其选择普通高中,不如选择职业高中。

教育投资需要承担一定的风险。选择读普通高中,就要有考不上大学的心理准备,此时选择就业,虽然所受教育年限与中等职业学校毕业生一样,都是 12 年,但收入却要比他们低。因为普通高中毕业生走上工作岗位之后,需要从头学习专业知识和职业技能,而中等职业学校毕业生在跨出校门之前就已经掌握了专业知识和职业技能。即使能考上大学,对学校和专业的选择又要面临风险。专业选择相当复杂,高中毕业生通常要冒较高的投资风险。当然,上中等职业学校也面临着专业上的投资风险问题,但相对投入成本来说,还是比上普通高中风险系数小。

2. 家长要帮助孩子顺利完成初中到高中的过渡

家长要提高教育技巧,主动与教师协作,为孩子顺利完成初中到高中的过渡创造条件。

(1)帮助孩子克服"失宠"心理

能够升入高中尤其是重点高中的学生,绝大多数是初中时的佼佼者,对新一轮的激烈竞争准备不足。然而现实是残酷的,在初中时优秀的学生,现在可能不那么优秀了;原来受宠的学生,现在可能不那么受宠了。于是,他们开始审视老师"为什么对我不公平",带着这样的心理去看待老师,越看越对立,因而师生关系开始紧张。有的甚至给校领导递条子,向校长告老师的状。一些学生由原来的自信逐渐转为自卑,由乐观变成悲观,由期望变成失望。这种种失落感和挫折感如得不到及时消除，就会使学生陷入恶性循环而难以自拔。

家长应该做好学生的工作，使学生有一个心理准备。家长还要提高育人技巧，把握好教育时机，形成教师与家长的教育协力。

（2）帮助孩子尽快适应高中阶段的教学

初中阶段的学习大量的是识记水平的学习，对能力要求不算太高，另外，课堂教学中对一个知识点重复的次数也比较多，因而一些学生感到不费什么力气就会了。而高中阶段不仅知识点多了，更重要的是要求标准提高了，老师讲课的方法与要求也跟初中的不一样，不少学生一时适应不了这些突如其来的变化，因此，学习成绩有所下降，心理上产生了很大的压力。究其原因是学生在初中阶段能力基础存在着差异。初中阶段学生的能力差异在成绩方面反映不明显，到了高中阶段则暴露无遗。因而家长要跟老师一起帮助学生度过这个困难期。当孩子遇到困难时不是指责挑剔，而是给予理解，帮助他们找到解决问题的办法。新生入校，家长就要多与教师沟通。家长有了准备，学生也就遇事不惊，从而使一些学习上遇到困难的学生度过困难期，避免一些学生悲观失望，出现破罐子破摔的现象。

第三章 对教师、家长、学生的建议

家长要指导孩子科学安排时间。在开学前制订两张表:一张是一天的学习生活作息时间表;另一张是一周学习计划表。这两张表的制定,可促使孩子克服忙乱现象,有条不紊地学习、活动、休息,有利于提高孩子的学习效率,促进其身心健康的发展。

(3)帮助孩子建立良好的人际关系

初高衔接阶段学生的身心发展有两个显著特点:一是注重父母、老师对他们的评价;二是同辈群体左右青年的行为,注重自己在同辈群体中的地位。二者中,学生更看重后者。

交什么样的朋友对孩子的影响不可忽视。新生入校后环境的改变和自身地位的变化,都会给他们带来莫大的压力,他们感到新同学仿佛个个都是那样的自负,找不到昔日同学的影子,因而很容易产生"恋旧"心理。于是,就在那些没有考上高中的原初中同学中寻找朋友。这难免影响他们与新同学的相处,给他们的健康成长带来难以预料的负面影响。对此,除去学校请优秀学生代表为他们作报告,与他们谈心,现身说法外,家长还应帮助学生选择优秀的朋友,比如在新生在高年级的大朋友的带领下逐步走出孤独,很快适应新生活,会少走许多弯路。

(4)帮助孩子尽快适应高中阶段的生活方式

高中阶段有许多孩子要离开父母,开始住校生活,这对那些从小就受到父母百般呵护的独生子女来说困难不小。现在学校周边随处可见游艺厅、录像厅、卡拉OK厅、台球室,这些对于好奇心还很强烈的高中生来说充满了诱惑。因此,必须充分调动家长的积极性,密切配合学校,才能使教育更有针对性,才会取得实效。家长、老师对学生这一关键期的教育如果跟不上,会给学生造成莫大的损失,留下隐患。

(5)为孩子创设优良的成长环境

首先,家长要放下架子,与子女做朋友。父母不以长辈高居,不独断,不以孩子气来教育孩子,与孩子有平等之心,设法与孩子做朋友,相互沟通,开展谈心活动,不定期召开家庭民主生活会。做到四个一,即:倒一杯水,泡一杯茶,与孩子聊一聊,在轻松愉悦之中做一次倾心交谈,沟通情感与思想。

其次,家长要学会展现爱之情感。家长不要吝啬爱子女的语言,不要深藏爱子女的情感,要善于言表,要适时用语言表达爱意,让他们能体会到爱。孩子是夸好的,孩子做了好事、取得了好成绩要及时表扬、激励,少用或不用命令式,常用一起商讨的口气形成共识。孩子遇到困难，家长要全身心帮助，这最能取得孩子的信任，能达到心与心真诚地交流。

再次，家长要改进育儿方法，多请教教育书籍。现在的时代是信息时代，社会是开放的社会，孩子吸收了时代的活水，接受的信息多而广，他们有时会指点江山、激扬文字。家长千万不要满足于自己的"霸主"地位，在工作繁忙之余要多抽时间读些心理学、教育学等方面的书籍，了解心理健康教育知识，掌握学生身心发展的特点并提出合理的教育建议，加强自己的教育修养。

（四）对初中毕业生的建议

1. 关于初中毕业生心理健康

心理健康是指"在一定的社会环境中的个体，在高级神经正常的情况下，智力正常、情绪稳定、行为适度，具有协调关系和适应环境的能力与性格"。只有在良好的心理状态下，青少年才能对外界事物做出正确良好的适应，充分发挥自身内在的潜能，更好地学习和生活，在面对升学压力时，也才能采取正确方法调节自己的心理情绪。

改革开放以来，经济高速发展，青少年的生活质量有了极大的提高。与此同时，现代社会带来的冲击，却引起了学生精神和行为上的适应性障碍。信息时代再次使人们面临生存发展的严峻挑战,层出不穷的新事物、互联网的诱惑、影视歌星的吸引、学习任务的繁重等等,均对学生的心理构成极大的压力。心理健康教育的根本目的在于如何培养健康快乐并具有未来品质的人,逐步形成健康的人格模式,顺利适应社会的发展。

中考是学生成长历程中比较重要的一次转折,由于学习任务繁重,对学生的心理构成极大的压力,因此,从学生自身的发展角度看,正确认识自己的心理健康状况,保证自身的心理健康迫在眉睫。

(1)要正确认识自我

初三年级的学生,虽然已经经历了两年多的中学学习,但自我认识仍然比较薄弱。处于"断乳期"的中学生,自我意识虽然开始发展,生理上的快速变化会使他们在惊恐中夹杂着几分好奇,但由于缺乏必要的经验和充分的思想准备,社会知识和能力都严重不足,加之这时成人对学生过多要求和责备,往往导致他们过高或过低地评价自我,在现实中容易产生心理问题。这种强大的逆反心理,使得学生容易和身边的人以及环境产生冲突,独立性的增长常常遭遇到来自主客观两方面的限制与阻碍,与社会的价值观念和规范相冲突,一些同学甚

第三章　对教师、家长、学生的建议

至会将自己封闭起来,遇事采取过激手段。

另外,学习的压力日益加重,也容易导致学生自卑、厌倦等情绪的产生。

(2)要正确认识家庭教育

越来越多的研究表明,除了知识的传授,家庭对孩子各方面的影响都超过学校,而且起决定作用。现在的学生大多是独生子女,成长过程中优越感强,心理承受力弱,独立能力差,思想品德和个性心理素质存在缺陷。"望子成龙,望女成凤"是当今家长的普遍心理,然而过高的期望和过分的关心却相应地给学生带来了过重的心理压力。

部分家长不懂教育方法,不按照孩子的心理发展来进行教育,造成了孩子逆反心理的产生。家长不恰当的教育方式使学习成为学生的苦差事,由此加重了学生焦虑、沮丧、无望等消极的心理负担,导致学生举止怪异、情绪失常、心理失衡,严重影响了学生心理的健康发展。

但是,作为子女,初三年级的学生应该首先站在父母的角度去思考、理解这方面的问题,在必需的时候和家长进行沟通,告诉家长自己真实的心理需求,避免和家长产生会使双方都受到伤害的直接冲突。

总之,在理解、尊重的基础上和家长进行沟通,是初中生顺利过渡到高中阶段,人格与品质都得到长足发展的重要保障。

2. 初高中衔接的误区与对策

(1)心态误区与对策

这表现在有些高分录取的学生,认为自己在初中时成绩好,上了高中自己在班上也一定是佼佼者;而那些勉强考上的学生,又认为自己是倒数进来的,将来在班上肯定跟不上。

出现上述盲目乐观和悲观的心态,属于过高自我评价和过低自我评价的结果。因为过高自我评价会使自信感转化为自高自大,盲目乐观;过低自我评价会使自信感转化为自卑感,盲目悲观。产生自我评价误区的主要原因是:主体对自己缺乏全面的分析或受周围人对自己活动成果评价的影响。这些都对个性的正常发展极为不利。因此,应加强思想修养,树立科学的世界观、人生观,以辩证唯物主义和历史唯物主义作指导,提高自身的理论水平和思想觉悟。

当然初中成绩的好坏对高中有一定的影响,但这只能说学习的起点不同,三年后的学业如何很难确定。因为新生入学后会面对新的环境、新的群体、个人在班级中新的坐标等,所以必须调整心态,一切从零开始,自信、自强、自立、积极发奋、敢于挑战、勇于创新,在研究性学习的氛围中施展自己的聪明才智。

(2)时间误区与对策

这表现在有些同学入学后,认为高中还有三年,高一刚起步,可先轻松一下。

高中属于基础教育的高级阶段。从时间上讲,三年学业一般两年半完成。由于现行教材知识覆盖面广,难度较大,实验或实践研究性内容增多,所以高一是基础,高二是关键。若高一不抓紧,会直接影响到高二甚至整个高中阶段的学习。因此,合理安排时间,对高中学业成绩尤为重要。如有的同学中考结束,就能利用较长的暑假,除安排一定的文体活动或其他个人专长爱好训练外,还有计划地将初中知识进一步复习巩固,并根据自己的能力将高一教材先自学一遍,为高一学习打下良好的基础。这种做法是值得借鉴的。

(3)方法误区与对策

这表现在有许多高一新生仍习惯于初中阶段的学习方法。

有许多同学中考分数很高,在校表现各方面也很好,但学习成绩不到半年就急剧下降,引起教师不解、家长怨气、学生紧张。问题就出在学习方法上,他们仍习惯于用老的学习方法,即学习方法与高中教师的教学模式发生了错位。

不同学龄段在不同的学习阶段中,由于受教育者认识能力、动手能力及情感能力的差异影响,其教学目的、教学结构、教学内容和要求也不同,任课教师所采用的教学模式和学生的学习方法也是不尽相同的。因此,高中学生的学习方法也得作相应的调整:以"研究性学习"为动力,以"创造性思维"为主线,在教师定向导疑的基础上大胆创新质疑。

为此,课前要认真浏览教材,养成课前做笔记的习惯(包括摘要学习重难点,画出主要内容框架,在书上做记号、写眉批等等),做到有备听课,课堂上不仅要专心听讲,细心观察,更重要的是要善于独立思考,敢于求异,敢于说"不",学会多种创造性思维的方法,如发散思维法、聚合思维法及形象思维法等。做到"耳到、眼到、口到、心到、手到",保持最佳的学习心态,提高课堂学习效果。

第三章 对教师、家长、学生的建议

(五)对高一学生的建议

1. 高一新生的心理误区及矫正

(1)新生入学时的心理误区

①自大自负。最大特点是自我感觉良好。常常沉湎于初中时辉煌的成绩,固守初中时的一套学习方法。因此,在名次和成绩都下降很多的时候,也不愿认认真真地总结和反思。往往吃尽了苦头才有所醒悟、奋然直追。其实,如果不走弯路,原本会学得更好。

②无法适应。一是学法不适应。高中的基本教学原则是,学生在教师指导下自主学习,教学手段和教学方法上都较现代化。而有的初中囿于师资水平和教学手段,仍然是教师"一张嘴、一枝笔、一本书"或"注入式"教学,甚至有的学科无法开设或者空设学科,培养出的学生知识面狭窄,习惯于"你讲我听、你说我写"。这类学生突然接触9门学科,入校就是自学导练,面对丰富多彩的学习生活,他们既新奇兴奋,又茫然不知所措,于是一天到晚忙忙碌碌,没有规律,难见效率。二是生活不适应,尤其是一些住校生。"衣来伸手,饭来张口"的不良习惯滋长出的娇气,使这类学生在突然降临的困难和挫折面前束手无策。

③盲目放纵。有的同学面对高升学率就错误地认为"只要前脚迈进了高级中学,后脚就跨入了大学"。因此,历经一番拼杀才挤进高级中学后,产生了休息的想法。于是,两三年的时光匆匆而逝,到了会考、高考时,乱了阵脚。

④心理失衡。升入高中尤其是重点中学的同学,大多在初中担任过班、团干部,他们获得过多种荣誉、奖励,是学校、老师、家长百般呵护的对象。有些同学进入重点中学后成了一名普普通通的学生,令人羡慕的光环消失了,心理失衡导致学习劲头不足、学习成绩下滑,甚至会逐渐患上心理疾病。

(2)心理误区的形成原因

①高期望值与现实的反差。许多同学在未进入高中前,受初中教师的教育影响与社会、家庭的灌输,对高中尤其是重点高中充满了太多的向往与期待,形成以考进重点高中为荣的观念,并为之付出相当大的努力。而一旦自己真正成为这中间的一员,可能还未真正体味到重点高中的内涵,只是从表面上去感觉现实中的重点高中,并发现与想象中的重点学校存在不少的反差。有的甚至认为教学的硬件、软件设施还不如初中学校,由此形成一些失落感,并进而表现出抑郁和焦虑。

第三章 对教师、家长、学生的建议

大多数同学在进入重点中学后对未来充满了太多的期望,希望在这样的学习氛围中能不断上进。优等生如此,差生也一样。但在人才荟萃的重点中学,由于各种原因,经过一段时间的学习,有的同学发现自己的成绩与预先所期望的目标相去甚远,特别是在自己经过努力后成绩仍没有多大提高的情况下,难免产生对前景的担忧,焦虑感油然而生。

②要独立与能力弱的对立。高中学生与初中学生相比,在思想意识上已经发生了很大的变化。在初中三年的学习生活中,学生的自主意识与独立观念开始萌芽,到了高中已经形成很明显的以我为中心的思想,并且自尊心、自信心、好胜心较初中阶段明显增强。在不少同学的心目中已视自己是大人。独立意识虽然增强,但自理能力并未得到相应的发展。随着当前家庭生活条件的改善,一些学生长期生活在父母包办的氛围中,生活自理能力并未随着年龄的增长而发展。在学校里一碰到实际生活中的困难往往解决不了,有的就抱怨社会、家庭、学校为自己创造的条件太少。特别是当前不少重点中学实行寄宿制,过惯了养尊处优生活的高一新生,一旦离开父母的帮助,就显得孤独无助。有些同学口头上或表面上表示要独立处事,但是思想深处以及行

动上、生活中均期望得到别人更多的帮助与照顾。这种情况多见于刚入校的学生,不适应问题在短时间内就给学生带来很多的焦虑与不安。

③新鲜感与怀旧感的冲突。中学生的一个突出特征就是喜好接受新鲜事物。他们刚到重点高中,面对的教师、教室、校园、学生寝室、同学等一切都是新的,自然就产生一种新鲜感,但这种新鲜感显然不会持久。当这一切对他们都变得平淡的时候,很多同学会突然发现新的环境其实并不如自己想象的美好。父母不在身边,身边又没有太多的朋友相伴时,他们就特别想念家人,渴望回到过去的生活情境中来填补自己的孤独。他们希望过去活动群体的回归,这种怀旧情节使同学们会在刚入校的几周内感到特别烦躁不安,而且那些交际能力不强、适应能力差的同学持续的时间会更长。

④松懈感与压力感的矛盾。相当一部分同学思想上认为经历了中考的洗礼,进入高中可以松一松。他们对于学习的认识还停留在初中阶段的那种感觉上,不明白高中学习与初中学习已经产生了质的区别。高中阶段,各学科中章节的关联度很大,一旦落下了一部分,甚至可能对学习的全局产生影响;同时高中为确保学生在三年后有所作为,教师们始终给学生调紧了弦,上课、作

业、复习、考试都给学生带来很大的压力。不能承受压力的同学，在这种模式的教学中感到无所适从。而当部分同学在松懈了一段时间后，意识到自己的落后，想奋起努力可并不是一件太容易的事。面对优胜劣汰的无情结果，焦虑心态会明显表露出来。

⑤失落感与慰藉感的交错。高一部分新生其实也是中考的受挫者，他们通过各种途径进入到高级中学，心中在经历了挫折后得到了一丝慰藉，但是思想深处还是免不了有些自卑，认为自己比别人低了一头。这些同学也许比一般同学更渴望成绩的进步，以此来证明自己的价值。但是，经过一段时间的努力学习后，可能因为原有基础、后发能力等各种原因，成绩还是不尽如人意。那种压抑、担忧有时会取代了原先的希望。

⑥成就感与失落感的碰撞。这种情况多见于传统意义上的优等生。这些同学可能一直处在受表扬、获荣誉、被羡慕的氛围中，中考也是一帆风顺进入重点高中的。但是，这些学生大多自视甚高，自我要求很多，没有认识到高中各路高手均云集一处，仍旧将自己定位于初中阶段时的优秀者行列。而竞争的事实必然使一部分同学与他们预定的目标相去甚远。一旦这种情况出现在那些优等学生身上，其心理承受能力要比一般学生更

为脆弱,根本无法接受这一事实,自尊心受到严重影响。

2. 对高一新生的学习建议

(1)调整角色位置,自我合理定位

在高中学习中,如果还是按照初中的学习方式,以完成作业为主,缺乏主动学习、主动研究的精神,必然会导致学习成绩的下降。

升入高中,同学们面对高考"3+X"模式对学习能力的要求,就必须在进入高中的初始阶段,尽快调整自己的角色位置,及时具备角色意识,克服学习的依赖性和安于现状的思想,学会主动学习,培养自学能力。

绝大多数同学进入高级中学的目的,均是为了在良好的学习氛围中求得更好的发展,由此都会产生很高的期望值。但在学习中,必须实事求是地分析自己的能力,做到知己知彼。具体来说,要正确地认识自我,合理地要求自我,知道自己的优点与不足,做到成功时不沾沾自喜,失败时也不气馁。同时,面对竞争的环境,既要积极地参与竞争,又要注意能与他人和谐相处。每个人要给自己一个合理的定位,根据原有的水平,确定自己的发展目标,并明确具体步骤,分阶段实施。特别需要强调在目标的制订上必须切合自己的实际,不可好高骛远。过去的优等生根据实际要适当降低期望值,不要一律停留在初中的名次标准来要求自己；相对落后的学生更要清醒了解自己入学时在班内所处的位次，要估计自己的可持续发展能力，努力寻求好的发展。

(2)加强自我教育，做到扬长避短

要加强自我教育，在认清自己的基础上，做到扬长避短，努力发挥自己的比较优势，通过参与竞争来表现自己的比较优势，体现出自己的价值。切忌拼命与他人比较，以己之短比他人之长，看不到自己的优点，越比越感到惭愧，也不必为超越别人而强迫自己做乏味的事，避免效果差、情绪糟。一旦确立自信，以积极的心态投入到竞争中，就能正确对待在学习中碰到的失败与挫折，并能认真总结经验，以高昂的情绪投入到学习中。

(3)学会自主学习，培养自学能力

因学业成绩不佳而产生焦虑的一个重要原因就是，学习习惯与方法不合理。在进入高中后，绝大多数同学都加大了用功学习的力度，但在学习方法的选择上，要正视高中阶段课程增多、难度增大的实际，必须适当改进自己的学习方法，不能照搬照抄初中阶段的学习方法。同时要转变学习观念，努力从"要我学"向"我要学"转变。针对各门学科的特点，采取不同的学习方法，注意不同时间的投入。在课堂内要注意搞清难点、疑点，加强课后的复习与整理,自习课或课后必须形成自主学习、独立思考的习惯。在学习中注意学习时间度的把握,明确"过犹不及"的道理。在专注于学习的基础上,努力发展自己的兴趣爱好。应注意学习方法的培养,有意识地培养意志力,形成良好的学习习惯。

大家可以根据下列方法,学会自己向前走。

· 提前预习课本。如找到重点、疑难点,根据课前的"学习重点"提示和课后的"思考练习"进行思考。要养成好的习惯,如不动笔墨不看书。

· 主动积累基础知识,对每章节中涉及的有关知识点,注意用心积累、用心感悟。对学生来说,要相信只要坚持不懈,就必有收获。

· 根据具体章节的教学目的,以及老师提出的要点,试着自己分析、领会课本知识,做到眼到、口到、心到、意到。

· 练习,特别是思考性较强的练习,是培养自学能力的好方法。可运用比较异同或归类整理的方式学会独立作业,不断提高整体认识和整体把握学习内容的能力。

· 主动涉猎与学习内容相关的文章来拓宽阅读量,扩展知识内容。如初中学习了朱自清的散文《春》,高中

第三章 对教师、家长、学生的建议

学习了朱自清的《荷塘月色》，那么就可以联系学习或比较性阅读，做到以点代面，触类旁通，广泛涉猎，拓宽阅读面。

因此，从课前预习、知识积累、章节讲读、课后练习，到课外涉猎，在整个课堂学习过程中，要注意把自己引向自我学习、主动探究中。通过反复的实际操作，提高运用工具书的能力、提出问题与解决问题的能力、知识积累与知识储备的能力、分析运用与探究发现的能力，从而全面提高自学的能力，掌握自学的方法。

(4)优化学习策略，提高学习效率

在高中阶段的学习中，同学们要尽快找到适合自己的科学的学习方法。因为好的学习方法会让你在学习中游刃有余、轻松自如，反之，则使你疲惫不堪、事倍功半。因此，高中生应经常与家长和老师沟通。在他们的帮助下，经常分析自己的学习习惯和方法，摸索更合理、更科学的方法，确立主攻目标，从而为高一阶段打好基础，更好地实现目标，走向成功。具体可以参考下面几点：

①明确学习目的，制定周密计划。合理的学习计划是推动学生主动学习、克服困难的内在动力。计划要在老师的指导督促下制定，并切实完成。计划中既要有长

远打算,又要有短期安排,执行过程中要严格要求自己,并借此磨炼意志。

②坚持课前预习,打好学习基础。课前预习不仅能培养自学能力,而且能提高学习新课的兴趣,掌握学习的主动权。预习不能走过场,要讲究质量,力争在课前了解本节课的基本内容。

③课堂认真听讲,抓紧基本环节。"学然后知不足",上课时要着重听老师的讲解思路,把握重点、突破难点,尽可能把问题解决在课堂上。上课听讲时要注意重点、难点,从而理解和掌握基本知识、基本技能的关键环节。

④及时复习知识,提高学习效率。通过反复阅读教材,多方面查阅有关资料,就能强化对基本概念及知识体系的理解与记忆,从而将所学的新知识与有关旧知识联系起来,进行分析比较。同时一边复习,一边将复习的成果整理在笔记本上,从而达到对新知识的理解。

⑤独立解决问题,内化学习内容。独立作业的过程就是通过独立思考,灵活地分析问题、解决问题,进一步加深对新知识的理解和对新技能的掌握过程。这一过程也是对学生意志力的考验,所以遇到疑难问题要多方查证,力争独立解决。解决疑难一定要有锲而不舍的精

神。对错误的地方要反复思考,并要经常把易错的地方记下来,作适当的重复性练习,把从老师和同学那里获得的知识加以消化,内化为自己的知识。

⑥知识系统小结,做到融会贯通。系统小结是通过积极思考,达到全面、系统、深刻地掌握知识和发展认识能力的重要环节。小结要在系统复习的基础上进行,要以教材为依据,并参照笔记与资料,通过分析、综合、类比、概括,揭示知识间的内在联系,以达到对所学知识的融会贯通。要经常进行多层次小结,对所学知识由"活"到"悟"。

后 记

在当代,孩子的成长、发展和升学问题,越来越引起人们的关注。但是其中的各阶段衔接问题,始终缺乏系统和深入的研究。为此,我们组织了一个"义务教育三个衔接"课题组,着手研究并撰写本书。

课题组的组成很有特色,全部成员都是优秀教师和科研人员(详见后面的简介),不但有丰富的实践经验和较高的理论水平,针对衔接问题进行实验研究,而且在自己负责的"衔接阶段"有过亲身实践的经历。例如,负责幼小衔接的郑希冰,在幼儿园和小学均任过课;负责小初衔接的高雪梅,在小学和初中均任过课;负责初高中衔接的李永佶,在初中和高中均任过课;科研人员冉

后 记

乃彦则在初中、小学任过课,而且为了研究幼小衔接,近一年在幼儿园大班当老师。所以本书所展现的内容,有些是属于原创性的研究成果。

为了更广泛占有资料,更深入探索理论,提高本书的研究水平,作者首先分别完成了《综述研究——人的发展中"衔接"问题研究综述》、《国内外"幼小衔接"研究综述》、《国内外"中小学衔接问题研究"文献综述》和《关于"初高中衔接研究"的综述》这四个综述报告,在一定意义上填补了学术研究上的某些空白。

在撰写过程中,除了召开座谈会、专访,我们还结合自己的工作进行实验研究。同时,我们还尽量收集前人的研究成果,除全国和北京的原有课题资料外,还广泛地通过网络获取信息。

撰写中,引用资料均注明来源,从网络引用了部分资料,虽然有的不完整,我们也尽可能将出处表达清楚。

本书四位作者的分工如下:各章中,涉及幼小衔接部分由郑希冰负责撰写;小初衔接部分由高雪梅负责撰写;初高中衔接部分皆由李永佶负责撰写;其他部分由冉乃彦负责撰写(其中第二章郑希冰参与)并统稿。

衔接问题既是一个复杂的实践问题,又是一个艰深的理论问题,我们的研究才刚刚开始,希望有兴趣的朋

247

友和我们联系，指出不足，共同努力，把研究继续深入下去。

作 者*
2008年8月25日

---

* **冉乃彦** 北京教育科学研究院副研究员，中央教育科学研究所首届访问学者。兼任中国关心下一代工作委员会专家委员会项目专家，中国家庭文化研究会常务理事、教育科研部主任，北京关心青少年教育协会常务理事，北京四中网校顾问。长期从事青少年儿童研究和家庭教育研究。2005年获得"全国关心下一代工作先进个人"称号。

出版《中小学教师怎样做研究》《生命教育课》等14本书，发表学术文章、科普文章（包括14篇俄英译文）约400篇。

主持和参与教育部、北京市重点教育科学实验课题十几项。10个项目曾获得市级以上奖励。参加"中国儿童发展与家庭教育"等4次国际学术研讨会。在中央电视台"实话实说"、青少年节目中多次担任嘉宾。

郑希冰 中共党员，中学高级教师，河北省特级教师。现任河北省廊坊市管道局小学督导室主任，廊坊市小学语文专业委员会副秘书长。

曾主持中央教育科学研究所"十五"国家级重点课题"新世纪素质教育目标课程化实验"的核心子课题"大成全语文教育新体系实验研究"，并获得河北省教育科研成果二等奖。

曾荣获中国石油天然气管道局教育大奖"教师育人"奖、管道局"优秀德育工作者"、"新长征突击手"等称号。

后　记

　　撰写的论文多次获得省级以上奖励,其中《找准切入点,构建阅读场》、《培养低年级学生独立识字能力初探》等在省级以上刊物发表。

　　2003年9月9日,作为河北省优秀教师代表与全国各地代表一起在人民大会堂受到温家宝总理的接见。

　　高雪梅　北京市第二十一中学语文教师、班主任、年级组长,东城区骨干教师,担任东城区语文兼职教研员,东城区各年级语文统一阅卷组组长。

　　1999年5月获第三届全国青少年"世纪杯"征文育才奖(学生获全国三等奖)。2000年5月所带班级被评为区优秀团支部;8月所带班级被评为校先进班集体;9月论文《如何引导学生面对早恋》在"整体构建学校德育体系研究与实验"课题组东城实验区评比中获得二等奖;10月被评为二十一中第二届德育先进工作者。

　　2002年12月26日论文《中小学衔接问题研究》获北京市第四届教育科学研究基础教育专项奖。2003年7月获东城区教育系统抗击非典支援一线贴心服务队先进个人;2004年指导的学生荣获第六届全国青少年"春蕾杯"征文一等奖,本人荣获园丁奖。

　　李永佶　毕业于河北师范大学中文系,河北师范大学教育学硕士在读研究生。现执教于中国石油天然气管道局中学,中学高级教师。

　　曾获得廊坊市中小学骨干班主任、廊坊市教育系统优秀共产党员、河北省优秀班主任等荣誉称号。《从＜口技＞谈初中文言文教学》、《人本·人性·人情》、《只缘身在最高层》、《开拓学生视野挖掘图书宝藏》、《青春同路人》等多篇论文获得省市、国家级奖励。参与河北省高级中学知识能力系列丛书的编写,论文《由面到点由点到面》、《"其"乐无穷——从＜游褒禅山记＞谈"其"字用法》、《情到深处自然真》在省级专业刊物发表。参与了一个国家级课题一个省级课题,是市级课题"高中作文序列化"的主持人。

读者反馈专区

亲爱的读者:

　　安徽教育出版社一向以"服务教育,倾情学术"为旨归。养成教育是"每一位教师、每一位家长都应该掌握的教育艺术",编辑出版发行养成教育系列图书,普及"养成教育"理念,是我们出版人服务教育的天职。在此,我们祈盼读者反馈的声音,渴望思想的碰撞。如果您有什么话题抑或建议,请与我们联系:

　　地址:安徽省合肥市经济技术开发区繁华大道西路398号安徽教育出版社教育理论编辑部

　　邮编:230601

　　电话:0551—3683028(编辑部),3683007(营销部)

　　邮箱:yangdw@ahep.cn,ahepzhang@gmail.com

安徽教育出版社教育理论编辑部

2008年9月